AF258739

COURS COMPLET D'ENSEIGNEMENT PRIMAIRE
Rédigé conformément aux Programmes du 27 juillet 1882

LEÇONS PRIMAIRES

DE

SCIENCES
PHYSIQUES ET NATURELLES

PAR Ad. FOCILLON

Ancien professeur de Physique et de Chimie au Lycée Louis-le-Grand
Ancien directeur de l'École Primaire Supérieure Colbert
Officier de la Légion d'Honneur et de l'Instruction publique

COURS MOYEN

OUVRAGE CONTENANT DE NOMBREUSES GRAVURES
DES RÉSUMÉS ET DES QUESTIONNAIRES

Nouvelle édition

PARIS
H. LECÈNE & H. OUDIN, ÉDITEURS
17, RUE BONAPARTE, 17

1886

LEÇONS PRIMAIRES

DE

SCIENCES PHYSIQUES ET NATURELLES

PROGRAMME OFFICIEL

PRESCRIT

PAR L'ARRÊTÉ DU 27 JUILLET 1882.

ÉLÉMENTS USUELS DE SCIENCES PHYSIQUES ET NATURELLES.

COURS MOYEN (de 9 à 11 ans)

NOTIONS TRÈS ÉLÉMENTAIRES DE SCIENCES NATURELLES

L'homme. — Description sommaire du corps humain et idée des principales fonctions de la vie.

Les animaux. — Notions des grands embranchements et de la division des vertébrés en classes, à l'aide d'un animal pris comme type de chaque groupe.

Les végétaux. — Étude, sur quelques types choisis, des principaux organes de la plante. Notions des grandes divisions du règne végétal ; indication des plantes utiles et nuisibles.

Les trois états des corps. Notions sur l'air et l'eau et sur la combustion. Petites démonstrations expérimentales.

COURS COMPLET D'ENSEIGNEMENT PRIMAIRE

Rédigé conformément aux Programmes du 27 juillet 1882

LEÇONS PRIMAIRES

DE

SCIENCES

PHYSIQUES ET NATURELLES

PAR AD. FOCILLON

Ancien professeur de Physique et de Chimie au Lycée Louis-le-Grand
Ancien directeur de l'École Primaire Supérieure Colbert
Officier de la Légion d'Honneur et de l'Instruction publique

COURS MOYEN

OUVRAGE CONTENANT DE NOMBREUSES GRAVURES
DES RÉSUMÉS ET DES QUESTIONNAIRES

Nouvelle édition

PARIS

H. LECÈNE & H. OUDIN, ÉDITEURS

17, RUE BONAPARTE, 17

1886

LEÇONS PRIMAIRES

DE

SCIENCES PHYSIQUES ET NATURELLES

COURS MOYEN

NOTIONS TRÈS ÉLÉMENTAIRES DE SCIENCES NATURELLES

CHAPITRE Ier.

CONFORMATION EXTÉRIEURE DE L'HOMME

1. — L'homme parmi les êtres vivants. — L'*homme* est le seul être sur la terre qui étudie les créatures placées autour de lui. Aucun des animaux n'est capable de rien faire de pareil. Telle est la supériorité de notre intelligence : en travaillant nous pouvons arriver à comprendre ce que nous sommes et ce que sont les *animaux*, les *plantes* et les *minéraux*. Etudier ces choses, c'est s'occuper d'HISTOIRE NATURELLE.

L'Histoire naturelle comprend : la *Zoologie*, qui est l'étude des *animaux*; la *Botanique*, qui est l'étude des *plantes* ou *végétaux*; la *Géologie*, qui est celle de la *terre*, c'est-à-dire du sol sur lequel nous vivons.

Les êtres qui nous entourent sur la terre sont de deux sortes : les *êtres* ou *corps vivants* et les *corps bruts*. L'homme, les *animaux* et les *plantes* sont des *êtres vivants*.

La *vie* commence à la *naissance*, et elle finit à la *mort* La durée de la vie est plus ou moins longue suivant les espèces ; un chien dépasse rarement 16 ou 18 ans ; un chat, 14 à 15. Un cheval de plus de 30 ans est d'une vieillesse extrême. Un homme est aux dernières limites de la vie s'il parvient à l'âge de 90 ou 95 ans ; les centenaires sont cités comme de rares exceptions. C'est la destinée de tous les êtres vivants : naître, vivre et mourir. Les enfants succèdent à leurs *parents*, qui eux-mêmes avaient succédé aux grands parents ou aieux. Chacun de nous commence, ou a commencé par être enfant ; jeune homme, puis homme fait : il s'use, en quelque sorte, en vivant. Bientôt c'est un vieillard : il décline de plus en plus jusqu'au jour où il meurt.

Mettez une graine dans la terre ; au bout de peu de temps vous voyez sortir une toute petite plante qui apparait au jour On peut dire qu'elle *nait*. Il viendra plus tard un temps où elle *mourra*. Dans l'intervalle, elle aura grandi, puis elle aura fini par vieillir jusqu'à ce qu'elle cesse d'exister.

2. — L'homme ressemble par ses formes extérieures aux animaux les plus parfaits. — On désigne sous le nom d'animaux des êtres assez variés dans leurs formes. Ainsi la *limace*, le *colimaçon*, l'*écrevisse*, sont des animaux que vous connaissez bien. S'ils se ressemblent à quelques égards, il y a entre eux de grandes différences. L'*araignée*, la *mouche*, la *fourmi*, le *papillon* sont assez semblables entre eux ; mais comparez-les aux *poissons*, aux *lézards*, aux *serpents*, aux *oiseaux*, enfin au *chien*, au *chat*, au *cheval*, au *bœuf*, au *mouton*, quelle variété de formes ! Cependant il est évident que dans cette énumération les derniers cités sont moins différents de nous que les premiers. Le *mouton*, le *bœuf*, le *cheval*, le *chat*, le *chien*, qui sont les plus parfaits des animaux que nous venons de nommer, sont aussi ceux qui diffèrent le moins de l'homme par leurs formes extérieures.

Aussi a-t-on l'habitude de décrire les animaux d'après les formes du corps humain ; nous débuterons donc par celles-ci. Là il s'agit de nous-mêmes, et l'on peut dire que la première chose à apprendre, c'est à *se connaître soi-même*.

3. — Les parties de notre corps. — Il nous sera très facile de commencer cette étude en nous regardant nous-mêmes et en nous rendant compte de ce que nous voyons. Il est aisé d'abord de nous apercevoir que notre corps se compose de deux moitiés pareilles. On les nomme *la droite et la gauche*. Pour les distinguer l'une de l'autre, il suffit de placer la main sur le devant de la poitrine et de l'y promener lentement, jusqu'à ce que l'on sente un battement régulier qui est celui du *cœur*. Le *côté gauche* est précisément celui où l'on sent ce battement.

Les formes de notre corps sont tout à fait semblables d'un côté à l'autre. On exprime cela en disant que *le corps humain est formé de deux moitiés symétriques*. Il est facile de voir que le corps d'un *chien*, celui d'un *cheval*, d'un *bœuf*, etc., sont disposés de la même façon. On peut remarquer encore qu'il en est de même d'une *mouche*, d'un *hanneton* ou d'une *araignée*.

Notre corps se compose de : 1° la *tête*, 2° le *tronc*, 3° les *membres*.

4. — La tête. — On reconnaît dans la tête deux parties : la *face*, plus communément nommée la *figure* ou le *visage*; le *crâne*, qui est recouvert par la *chevelure*.

Dans notre *crâne* est renfermé un organe très important que l'on appelle le *cerveau*. C'est l'instrument ou *organe* à l'aide duquel nous pouvons *sentir et vouloir*.

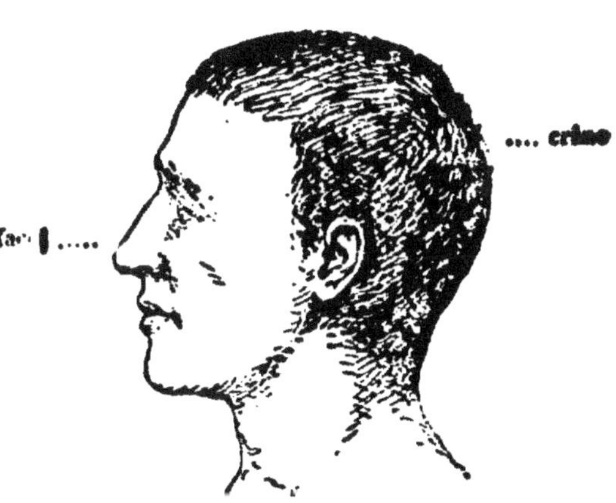

Fig. 1. — Tête humaine, vue de profil du côté gauche (7 fois plus petite que nature).

5. — La face. — La face comprend divers organes très importants. Sur chacun des côtés, au voisinage du crâne,

4

on découvre les *oreilles*. En avant, au-dessous du *front*, sont les deux *yeux*, abrités par les *sourcils* et protégés par les *paupières* avec leurs *cils*. Au-dessous des yeux, entre les deux *joues*, se trouvent le *nez* et la *bouche*. Le nez nous sert à respirer l'air extérieur et à sentir les odeurs. Il est percé en dessous de deux ouvertures appelées les *narines*. La bouche est bordée par les *lèvres*: elle contient les *dents*,

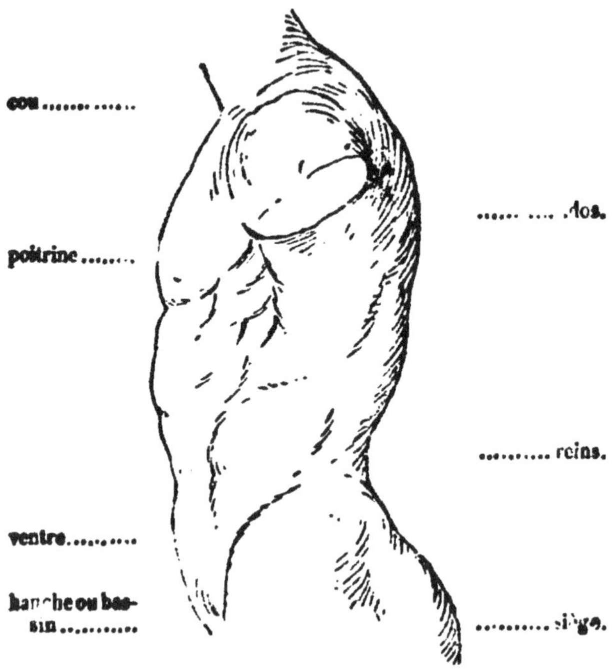

Fig. 2. — Un tronc humain.

implantées dans les *mâchoires*. Elle contient en outre la *langue*, qui nous sert, non seulement à parler, mais encore à goûter nos aliments et nos boissons. Le visage se termine au-dessous de la bouche par la saillie du *menton*.

6. — Le tronc.— La tête est supportée par le *cou* ou *col*, qui l'unit au reste du *tronc*. Celui-ci présente en avant deux régions distinctes : la *poitrine* et le *ventre*. En arrière, le *dos* correspond à *la poitrine* ; les *reins* et le *siège* au *ventre*.

Au milieu du *cou*, du *dos* et des *reins*, on aperçoit et l'on sent très bien une longue série de pointes recouver-

tes par la peau. C'est l'*épine du dos* ou *colonne vertébrale*;
elle est formée d'une suite de petits
os nommés les *vertèbres*. En haut du
dos, tenant aux épaules, se voient
encore sous la peau deux os plats
de forme triangulaire, les *omoplates*.
Sur les côtés de la *poitrine* et du
dos on sent les *côtes*, qui sont aussi
des os, et qui protègent les parties
intérieures du corps. Sur les côtés
du *ventre* se remarquent encore
deux os saillants ; ils forment les
hanches.

Le tronc est creusé intérieurement de deux grandes cavités, qui
renferment les *viscères* ou organes
intérieurs essentiels à la vie. La
première de ces cavités est comprise entre la *poitrine* et le *dos* : on
la nomme *thorax* ou *cavité de la
poitrine*. L'autre se nomme *abdomen*
ou *cavité du ventre*; elle correspond
aux *reins* et au *siège*.

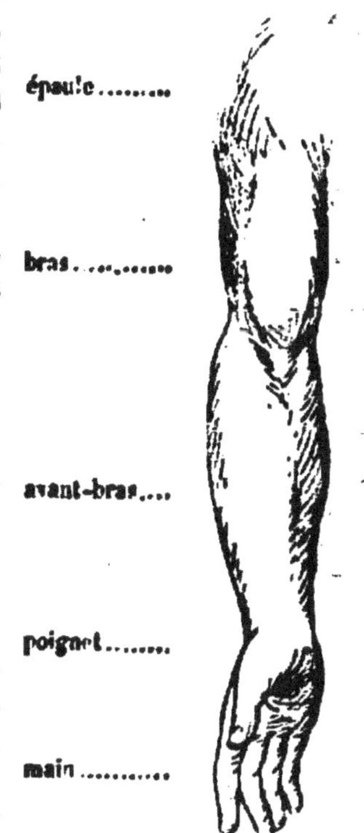

Fig. 3. — Un bras humain.

Le *thorax* et l'*abdomen* sont séparés intérieurement par une cloison
charnue et transversale que l'on
appelle le *diaphragme* (ce mot vient de la langue grecque
et signifie *cloison*). Dans
le *thorax* sont contenus
les deux *poumons* qui
nous servent à respirer,
et le *cœur*, organe cen-
tral qui fait circuler le
sang dans notre corps.
Les viscères les plus im-
portants de l'*abdomen*
sont l'*estomac*, le *foie* et
les entrailles ou *intes-
tins*. Ces organes nous
servent à digérer ce que
nous mangeons.

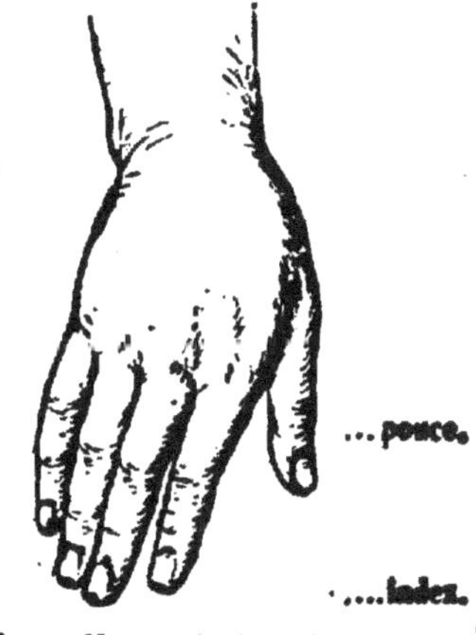

Fig. 4. — Une main humaine.

7.— Les bras.— Au tronc s'attachent nos quatre membras; ils sont semblables deux à deux, de manière à former deux paires. Celle des *membres supérieurs* ou *thoraciques* (les bras) se fixe par l'*épaule* sur les deux côtés du *thorax*. A la suite de l'épaule, viennent le *bras*, qui se termine au *coude*, l'*avant-bras* et la *main*, joints l'un à l'autre par le *poignet* ou *carpe*. A la jointure de l'épaule correspond le *pli de l'aisselle*; au coude, le *pli du bras* ou *de la saignée*. La *main*, qui est très flexible et très mobile, se compose d'une partie pleine appelée la *paume*, et de cinq *doigts* comprenant chacun plusieurs *phalanges*. Chacun des doigts a son nom particulier. L'un d'eux, séparé des autres, et ne comprenant que deux *phalanges*, se nomme le *pouce*. Les quatre autres ont chacun trois phalanges. Le doigt qui suit le pouce est l'*index*; le troisième, le *médius*; le quatrième, l'*annulaire*, et le cinquième est le *petit doigt* ou *auriculaire*. Chacun des cinq doigts porte un ongle à son extrémité.

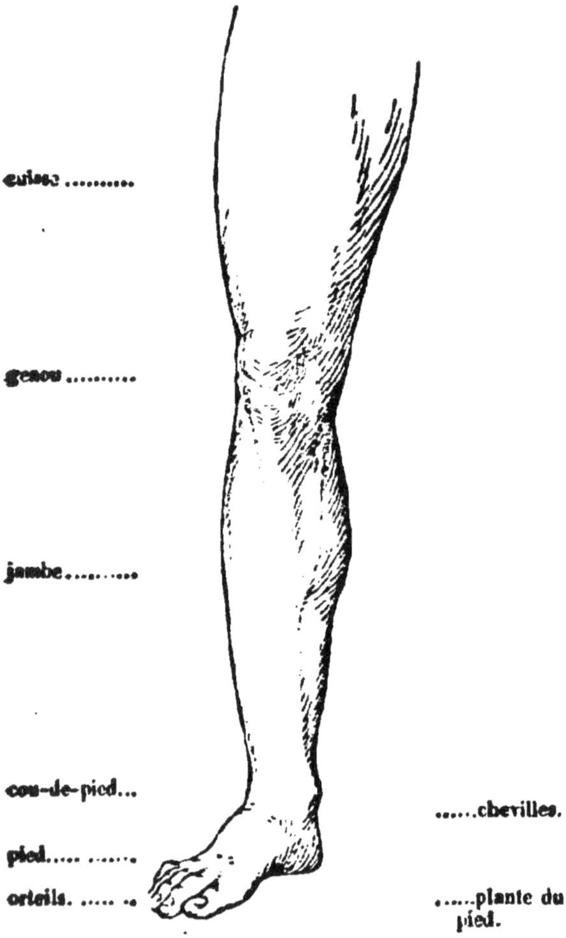

cuisse ....

genou ....

jambe ....

cou-de-pied...

pied.... ....

orteils. ....

......chevilles.

.....plante du pied.

FIG. 5. — Une jambe humaine.

8. — **Les jambes**. — La paire des *membres inférieurs* ou *abdominaux* est attachée à l'abdomen.

Les diverses parties du *membre inférieur* sont analogues

à celles du *membre supérieur*. C'est d'abord le *bassin* ou la *hanche*, qui correspond à l'*épaule*; c'est par là que le membre inférieur tient à l'abdomen. Puis viennent la *cuisse*, que l'on peut comparer au *bras*; la *jambe*, qui représente l'*avant-bras*, et le *pied*, qui est analogue à la *main*. Entre la *cuisse* et la *jambe* se trouve une jointure ou *articulation* appelée le *genou*. La jointure de la hanche avec la cuisse se fléchit sur le *pli de l'aine*; celle du genou, sur le *pli du jarret*. Une autre jointure nommée *cou-de-pied* ou *tarse* unit le pied à la jambe. Quant au pied, il se compose d'une partie pleine appelée la *plante* et de cinq *doigts* ou *orteils* conformés comme ceux de la main, mais beaucoup plus courts.

9. — Ressemblance des animaux avec l'homme. — La connaissance des diverses parties du corps humain nous permettra d'étudier le corps des divers animaux. Il y a en effet des ressemblances quelquefois très grandes, d'autres fois moins marquées, qui permettent d'y retrouver les mêmes parties.

10. — Le chien. — Ainsi le *chien* (voyez la figure 6) a comme l'*homme* une *tête*, offrant deux *oreilles*, deux *yeux*.

Fig. 6. — Le chien domestique (20 fois plus petit que nature).

un *nez* et une *bouche* (communément appelée *gueule*). Il a pareillement quatre *membres* formant deux paires, où il est facile de retrouver le *bras*, l'*avant-bras*, la *cuisse*, la *jambe*, etc. Il est bon de remarquer cependant que le *tronc* du chien est terminé par la *queue* qui n'existe pas chez l'homme.

11. — Le coq. — Les différences deviendront plus grandes, si nous comparons l'*homme* au *coq* (voyez la figure 7). Celui-ci est un oiseau, et tout le monde a remarqué les principales dispositions du corps qui distinguent cette sorte d'animaux. La bouche est bordée, non de

Fig. 7. — Coq domestique (10 fois plus petit que nature).

lèvres charnues, mais d'un *bec* corné formé de deux *mandibules*.

L'oiseau a bien quatre *membres*, comme l'*homme*; mais la paire de *membres supérieurs* lui sert à voler; elle est disposée en une paire d'*ailes*.

12. — Le carpe. — Si maintenant nous examinons une

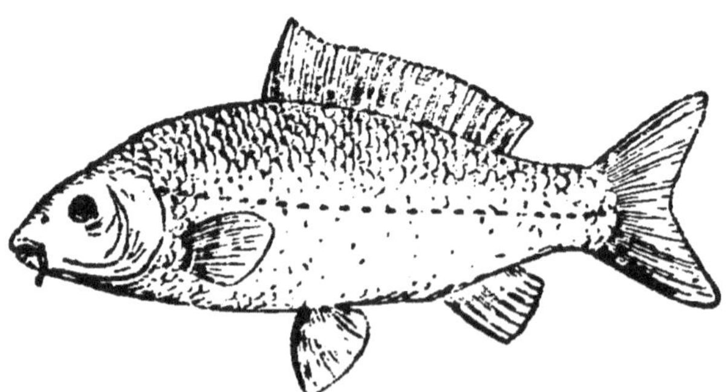

Fig. 8. — Une carpe vulgaire (7 fois plus petite que nature).

carpe (voyez la figure 8), les formes diffèrent beaucoup de celles de l'*homme* ou du *chien*. Mais on y reconnaît encore une *tête* suivie d'un *tronc*, terminée par une *queue*. Sur les côtés du corps on distingue deux paires de *nageoires*, qui sont les quatre *membres*.

13. — La mouche. — Enfin comparons encore l'*homme* avec la *mouche* (voyez la figure 9). Il y a entre l'une et l'autre beaucoup plus de ressemblance qu'on ne l'imaginerait peut-être au premier abord. Le corps de la *mouche* présente une *tête* portant des *yeux* et une *bouche* ; on voit aussi deux petites cornes qui sont particulières aux insectes. A la suite de la *tête* vient une seconde partie nommée *thorax* ou *corselet*.

Fig. 9. — Mouche commune (3 fois plus grande que nature).

Cette seconde partie est pourvue en dessous de trois paires de *pattes* et en dessus d'une paire d'*ailes*.

Une troisième partie du corps suit le *corselet* : c'est ce qu'on nomme l'*abdomen*.

RÉSUMÉ DU CHAPITRE I.

1. — Il y a deux sortes de corps vivants : les animaux, les plantes ou végétaux. — La vie commence à la naissance, se termine par la mort. — Les animaux et les plantes naissent, se développent, parviennent à l'état adulte, vieillissent et meurent.

2. — Les animaux ont des formes très variées ; les plus parfaits sont ceux qui ressemblent le plus à l'homme.

3. — Le corps humain est conformé à la façon de celui des animaux. Il est composé de deux moitiés pareilles. — Le côté gauche est celui où l'on sent, dans la poitrine, battre le cœur ; l'autre est le côté droit.

4. — La tête se compose du crâne et de la face ou visage. — Le crâne contient le cerveau, organe à l'aide duquel nous sentons et nous voulons.

5. — La face comprend les oreilles, les yeux, le nez, la bouche, le front, les joues, le menton. — La bouche, bordée par les lèvres, contient la langue et les dents, implantées dans les mâchoires.

6. — La tête est supportée par le cou. — Le tronc présente en avant la poitrine et le ventre ; en arrière, le dos, les reins et le siège. — Il renferme deux grandes cavités : 1° le thorax ou poitrine ; 2° l'abdomen ou ventre. — Elles sont séparées intérieurement par le diaphragme. — Le thorax contient les deux poumons et le

cœur. — L'abdomen contient l'estomac, le foie et les intestins.

7. — Au tronc s'attachent les membres. — Il y en a deux paires : 1° les bras, membres supérieurs ou thoraciques ; 2° les jambes, membres inférieurs ou abdominaux. — Le membre supérieur se compose de : 1° l'épaule, 2° le bras, 3° l'avant-bras, 4° la main. Les jointures de ce membre sont celles de l'épaule, du coude et du poignet. — La main est formée de la paume et des cinq doigts : pouce (2 phalanges), index, médius, annulaire et petit doigt : (3 phalanges).

8. — Le membre inférieur se compose de : 1° le bassin ou hanche, 2° la cuisse, 3° la jambe, 4° le pied, avec trois jointures : la hanche, le genou et le cou-de-pied. Le pied est formé de la plante et des cinq doigts.

9. — Ressemblance des animaux avec l'homme.

10 à 13. — Comparaison de l'homme avec le chien, le coq, la carpe, la mouche.

QUESTIONNAIRE.

1° Combien distinguez-vous de sortes de corps vivants ? — Quels sont les deux termes de la vie ? Quelles sont les périodes successives de la vie ? — 2° Comment faut-il étudier les animaux pour arriver à les reconnaître ? — 3° Pourquoi commencerons-nous par étudier notre propre corps ? — Que sont les deux moitiés du corps ? Quel est le côté gauche ? — De quelles parties se compose notre corps ? — 4° De quelles parties se compose la tête ? — 5° Que remarque-t-on dans la face ? — A quoi servent les oreilles ? les yeux ? le nez ? la bouche ? Que contient la bouche ? — 6° Quelles sont les régions que l'on distingue sur le tronc ? — Quelles sont les cavités que renferme tronc ? — 7° Par quelle partie la tête est-elle unie au tronc ? — Comment distingue-t-on les membres en deux paires ? — Quelles sont les parties des membres thoraciques ? Quelles sont les jointures de ces membres ? De quoi se compose la main ? Comment nomme-t-on chacun des doigts de la main ? — 8° Quelles sont les parties des membres abdominaux ? Quelles sont les jointures de ces membres ? — 9° L'homme ressemble-t-il aux animaux ? — 10° En quoi le chien ressemble-t-il à l'homme ou en diffère-t-il ? — Même question pour : 11° Le coq ? — 12° La carpe ? — 13° La mouche ?

CHAPITRE II.

LES ORGANES ET LES FONCTIONS DANS LE CORPS DE L'HOMME.

14. — Se nourrir. — Lorsque l'enfant vient de naître, il est bien petit si on le compare à ses parents. Il faut qu'il grandisse; il faut que le poids de son corps augmente considérablement, pour qu'il devienne un *jeune homme*, puis un *homme fait*. Aussi ne cesse-t-il de manger pour se nourrir. Quand il sera devenu grand il continuera, afin de ne pas laisser dépérir son corps. Il faudra qu'il se soutienne ainsi pendant toute sa vie. Le besoin de se nourrir est une des nécessités premières de l'existence des êtres vivants.

15. — Sentir, savoir et vouloir. — Les hommes heureusement ressentent d'autres besoins d'un ordre plus élevé. Ils ne vivent pas de pain seulement; ils éprouvent le désir de connaître ce qui les entoure. Leurs yeux contemplent avec plaisir la beauté des paysages, la splendeur de la nature, les diverses scènes que le monde leur présente. Leurs oreilles se plaisent à entendre le chant des oiseaux et la voix des autres hommes. Le parfum des fleurs ne leur est pas moins doux que la saveur des fruits. En un mot, l'homme est doué de sens qui lui font *connaître* les êtres et les choses qui existent autour de lui. Il se fait ainsi des idées sur la nature et sur lui-même. Il réfléchit. raisonne et parvient à connaître quels services peuvent lui rendre les animaux, les plantes, les pierres ou les métaux que renferme le sol. De même il découvre ce qui peut lui nuire. C'est d'après ces idées qu'il agit pour se procurer ce dont il a besoin et pour éviter ce qui peut lui faire du mal. Ainsi l'homme est non seulement pourvu de la faculté de *connaître*, de *réfléchir* et de *comprendre*, mais encore il est capable de *se mouvoir*, de *travailler*, en un mot d'employer sa *volonté* pour satisfaire tous ses besoins. Aussi le premier but du *travail*, qui est la loi de sa vie, est-il de *se nourrir*, de *se vêtir*, de *se créer un abri*. Puis il applique son intelligence et son activité à étudier le monde où il est placé. En un mot, après avoir pourvu à ses nécessités corporelles, il obéit aux besoins de s'instruire et de connaitre la raison de toute chose. Ainsi deux ordres de facultés se partagent notre vie ; les unes servent à soutenir notre corps, à le nourrir ; les autres alimentent notre esprit : ce sont les plus nobles de nos facultés.

16. — La digestion. — Pour se nourrir il faut **manger.** L'enfant prend du lait pendant la première année de sa vie ; puis il s'accoutume à un autre régime. Il vit de viandes diverses, de légumes et de fruits. Il y joint des boissons, de l'eau, du vin, de la bière ou du cidre. Ces divers aliments composent les repas de la journée. Après chaque repas, il se fait en nous un travail intérieur ; on *digère* ce que l'on a mangé, et le résultat de la *digestion* est d'introduire dans les diverses parties du corps ce que nos aliments contenaient de plus nourrissant.

Cette partie substantielle pénètre dans notre *sang* et vient chaque jour le renouveler peu à peu. On voit de quelle importance est la digestion ; on comprend même pourquoi il faut qu'elle se renouvelle plusieurs fois par jour. C'est le *sang* qui soutient, *vivifie* et *échauffe* tout le corps : l'entretien de ce liquide précieux est une condition essentielle de la vie. La digestion est une des grandes *fonctions* à l'aide desquelles l'homme se nourrit.

17. — Organes de la digestion. — Cette *fonction* s'exécute au moyen de certaines parties du corps, telles que la *bouche, l'estomac,* les *intestins,* etc. Ces parties sont en réalité les instruments qui nous servent à digérer. On les appelle les *organes de la digestion.*

18. — Fonctions digestives. — La *bouche* saisit avec les *lèvres* les aliments que la main lui présente. Puis les *dents* les broient, tandis que la *salive* les humecte. Lorsque la *bouche* a ainsi joué son rôle, un mouvement de la *gorge* les avale et les mène, par un conduit spécial (*œsophage*), dans l'*estomac.* Celui-ci est une sorte de poche située en haut du ventre, du côté gauche. Les *intestins* lui font suite. Ce sont de longs conduits contenus dans le ventre dont ils occupent la plus grande partie. Ils y sont repliés sur eux-mêmes, et les *aliments* les parcourent lentement jusqu'à l'*anus.* C'est pendant qu'ils séjournent dans l'*estomac* et dans les *intestins,* que s'en sépare la portion nourrissante nommée le *chyle.* Au fur et à mesure, le *chyle* est pompé par des vaisseaux qui le conduisent dans les *veines*, où il s'ajoute au *sang*. Telle est l'idée qu'il faut se faire de cette *fonction de la digestion*.

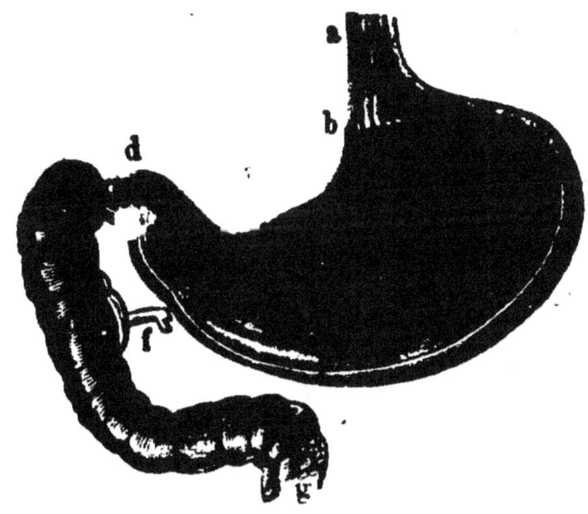

Fig. 10. — L'Estomac de l'homme avec la première partie des intestins, appelée le duodénum (ils ont été coupés par moitié de façon qu'on en voit l'intérieur). — *a*, fin de l'œsophage, conduit qui porte les aliments de la bouche à l'estomac. — *b*, le cardia, ouverture supérieure de l'estomac par où les aliments y entrent pour être digérés. — *c*, cavité de l'estomac. — *d*, le pylore, ouverture inférieure de l'estomac par où les aliments passent de l'estomac dans l'intestin. — *eg*, le duodénum, première partie des intestins où sont versés par le canal *f* la bile venant du foie et le suc venant d'une autre glande, le pancréas.

19. — La respiration. — Il est en nous un autre besoin non moins impérieux que celui de manger : c'est celui de *respirer*. A chaque instant nous sommes obligés d'*aspirer* de l'air et d'en *expirer*, c'est-à-dire de rejeter hors de notre poitrine une certaine quantité de celui qu'elle contient. Que va faire dans l'intérieur de notre corps cet air qui s'y renouvelle sans cesse ? C'est encore de l'entretien du *sang* qu'il s'agit.

A mesure qu'il nourrit les diverses parties du corps, à mesure qu'il les échauffe, le *sang* s'altère. Il s'use pour ainsi dire en cédant aux diverses parties sa chaleur et ses matériaux vivifiants. Il est vrai que le *chyle* vient sans cesse le régénérer. Mais le *sang* altéré n'est pas complètement réparé par son mélange avec ce produit de la *digestion*. Il faut que l'air lui rende toute sa vertu ; il faut qu'il change sa couleur, comme il perfectionne ses propriétés.

De *noir* (ou plutôt *brun noirâtre*) qu'il était, l'action de l'air le rend *rouge vermeil*. C'est justement ce qui constitue la *respiration*. C'est là ce que l'air extérieur va faire dans notre poitrine.

20. — **Organes respiratoires**. — Les organes où se passe un changement si important occupent presque toute la cavité de la poitrine. On les nomme les *poumons*. Il y en a deux, l'un à droite, l'autre à gauche. L'air introduit dans la bouche est conduit dans les poumons par un canal (*trachée-artère*) qui nait dans la gorge. En même temps des vaisseaux particuliers amènent le sang dans les poumons. C'est ainsi que l'air et le sang se rencontrent dans ses organes.

La *respiration* est la seconde des grandes *fonctions* qui servent à nous nourrir.

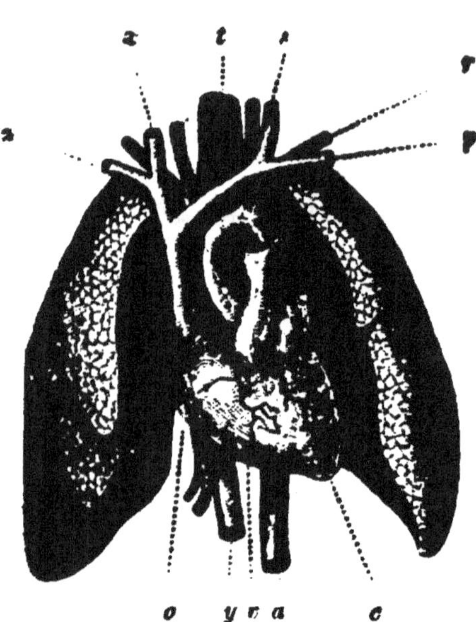

FIG. 11. — Les deux Poumons et, entr'eux, le Cœur. — *t*, trachée-artère, conduit par lequel l'air que l'on respire arrive dans les poumons. — *c*, pointe du cœur. — *r*, partie droite du cœur. — *a*, artère-aorte, vaisseau qui distribue le sang venant du cœur et allant aux diverses parties. — *y z x s p*, veines rapportant au cœur le sang des diverses parties. — *r*, artère portant le sang vers le bras gauche.

21. — **La circulation du sang**. — Le *sang* a besoin d'être répandu dans toutes les parties de notre corps. Un organe particulier, placé dans la poitrine, entre les deux poumons, le met sans cesse en mouvement : c'est le *cœur*. Il s'agite d'une façon régulière ; on dit qu'il *bat*, et à chaque battement il pousse le *sang* dans les *vaisseaux*, qui le distribuent aux divers organes. Ce mouvement s'appelle la *circulation du sang*. C'est une troisième *fonction* qui contribue à nourrir l'homme.

22. — **Les sécrétions**. — En même temps que notre corps reçoit de nouveaux aliments, il rejette au dehors des liquides qui entrainent avec eux des matières devenues inutiles. Le principal exemple d'une fonction de ce genre se trouve dans la *sé-crétion urinaire*. L'expulsion de l'urine débarrasse le corps humain de matériaux dont il n'a plus besoin, et qui dès lors lui deviendraient nuisibles.

23. — Toutes ces fonctions concourent à nourrir. — La digestion, la respiration, la circulation du sang et les sécrétions concourent à nourrir, c'est-a-dire à cette grande fonction qu'on appelle la *nutrition*.

24. — La sensibilité et la locomotion. — Dans l'intérieur de notre *crâne* et dans *l'épine dorsale*, que l'on appelle aussi *colonne vertébrale*, est contenu le *système nerveux central*. Son rôle est considérable : il sert a nous donner la faculté de sentir et de connaître , et celle d'exécuter des mouvements volontaires. La première de ces deux facultés constitue la grande *fonction de la sensibilité;* la seconde est la *fonction de la loco-*

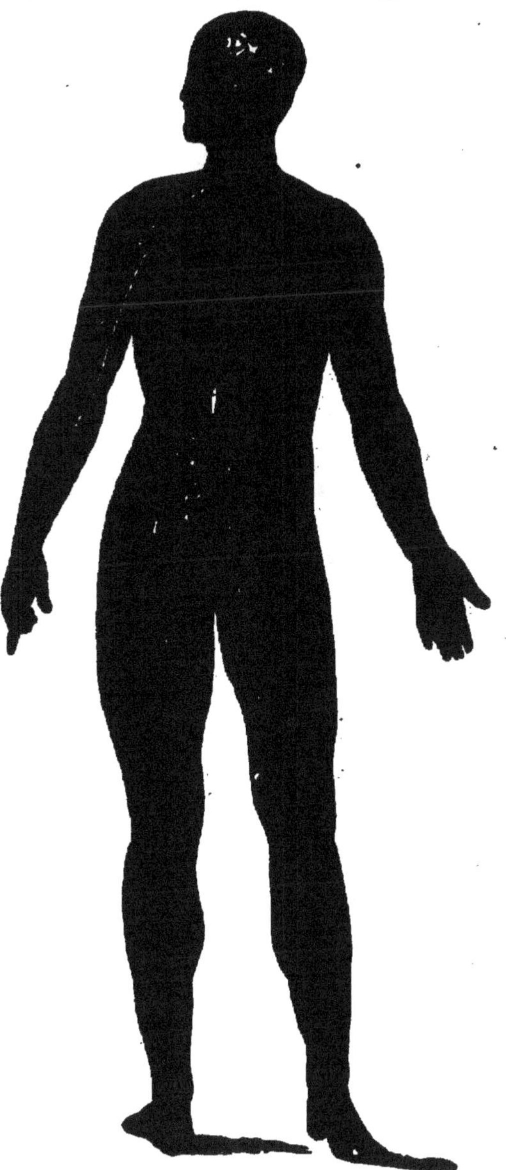

Fig. 12. — Distribution des nerfs partant du système nerveux central, pour aller aux diverses parties du corps.

motion, c'est-à-dire celle par laquelle nous remuons telle partie du corps que nous voulons.

25. — Le système nerveux. — Le *crâne*, qui est une cavité faisant partie de la tête, contient le *cerveau* (vulgairement nommé la *cervelle*), et une partie plus petite nommée le *cervelet*. De ces deux masses nerveuses naît un prolongement en forme de cordon : c'est la *moelle épinière*, qui se prolonge dans l'intérieur de l'*épine dorsale*. Le *cerveau*, le *cervelet* et la *moelle épinière* forment ce que l'on appelle le *système nerveux central*. Il communique avec nos organes des sens et avec toutes les parties mobiles de notre corps, par les *nerfs*, filaments plus ou moins fins remplis de matière nerveuse.

26. — Les organes des sens. — C'est ainsi que nos *yeux* reçoivent chacun un *nerf* par lequel il nous est donné de *voir* les objets. L'une et l'autre *oreille* ont de même leurs *nerfs* spéciaux au moyen desquels nous *entendons*. A la partie supérieure du *nez*, dans les cavités des *fosses nasales*, se trouvent les *nerfs* qui servent à nous faire sentir les *odeurs*. La face supérieure de la *langue* reçoit les *nerfs* du *goût*. Enfin les diverses parties de notre *peau* doivent leur sensibilité aux *nerfs* qui y aboutissent; mais les extrémités des *doigts* de la main en sont surtout richement pourvues, afin de nous donner ce *toucher* délicat qui nous est si utile dans tous nos travaux.

Fig. 13. — Une jambe humaine dépouillée de sa peau, pour faire voir les muscles qui en forment la chair.

27. — La volonté et les mouvements volontaires. — C'est le *cerveau* qui est l'organe de l'*intelligence*, comme il est en même temps l'instrument essentiel de nos *volontés*.

Nos divers mouvements s'exécutent au moyen des *os* qui soutiennent les diverses parties du corps et des *mus-*

cles qui les entourent et forment nos chairs. Des *filaments nerveux* se répandent parmi les divers *muscles*. Sous leur influence, ceux-ci se raccourcissent, *se contractent*, comme on dit, lorsque nous le *voulons*. Ce mouvement des *muscles* se transmet aux *os*, et il en résulte un déplacement de telle ou telle partie de notre corps. C'est surtout dans nos *membres* que la chair est abondante autour des *os*. C'est à cela qu'ils doivent la variété, l'étendue et la vigueur de leurs mouvements.

28. — Les os du corps humain. – Nos *os*, unis entre eux aux *jointures* ou *articulations*, constituent dans notre corps une charpente solide que l'on appelle le *squelette*.

La *tête* est peu garnie de chair, si ce n'est aux *joues* et au *menton*. Aussi les *os* de la tête sont-ils apparents même chez un homme vivant. Les uns forment la cavité du *crâne* et protègent le *cerveau* avec le *cervelet*; les autres soutiennent les diverses parties de la *face* ; les plus importants parmi ces derniers sont les *os des mâchoires*, qui portent les *dents*.

Le *tronc* a pour support la *colonne vertébrale*, qui se compose de 33 petits *os* articulés à la suite les uns aux autres, de la tête à l'anus; on les nomme *vertèbres*. Dans le *dos*, chaque *vertèbre* est pourvue d'une paire de *côtes*. Ces os, courbes et assez semblables à des cerceaux, entourent la *cavité de la poitrine* ; ils se rattachent en avant à un seul os plat, situé entre le bas du cou et le creux de l'estomac; on l'appelle le *sternum*, et il a un peu la forme d'une lame de sabre courte et droite.

Les *os* des *membres* sont entourés de *muscles* charnus, mais à travers lesquels on retrouve bien les *os* du squelette.

L'*épaule* est formée de deux os : en arrière l'*omoplate*, en avant la *clavicule*. Le *bras* ne possède qu'un seul *os* appelé *humérus;* dans l'*avant-bras*, il y en a deux placés à côté l'un de l'autre: le *cubitus* et le *radius*. Le *poignet* ou *carpe* est soutenu par huit petits *os*, la *paume de la main* ou *métacarpe*, par cinq *os*, dont chacun supporte un des *doigts*. Enfin chacune des *phalanges des doigts* contient un os particulier.

Les *membres inférieurs* ont de l'analogie avec les *membres supérieurs*. Les *hanches* s'appuient sur la *colonne vertébrale* et forment ainsi le *bassin*; chacune d'elles con-

CHAPITRE II.

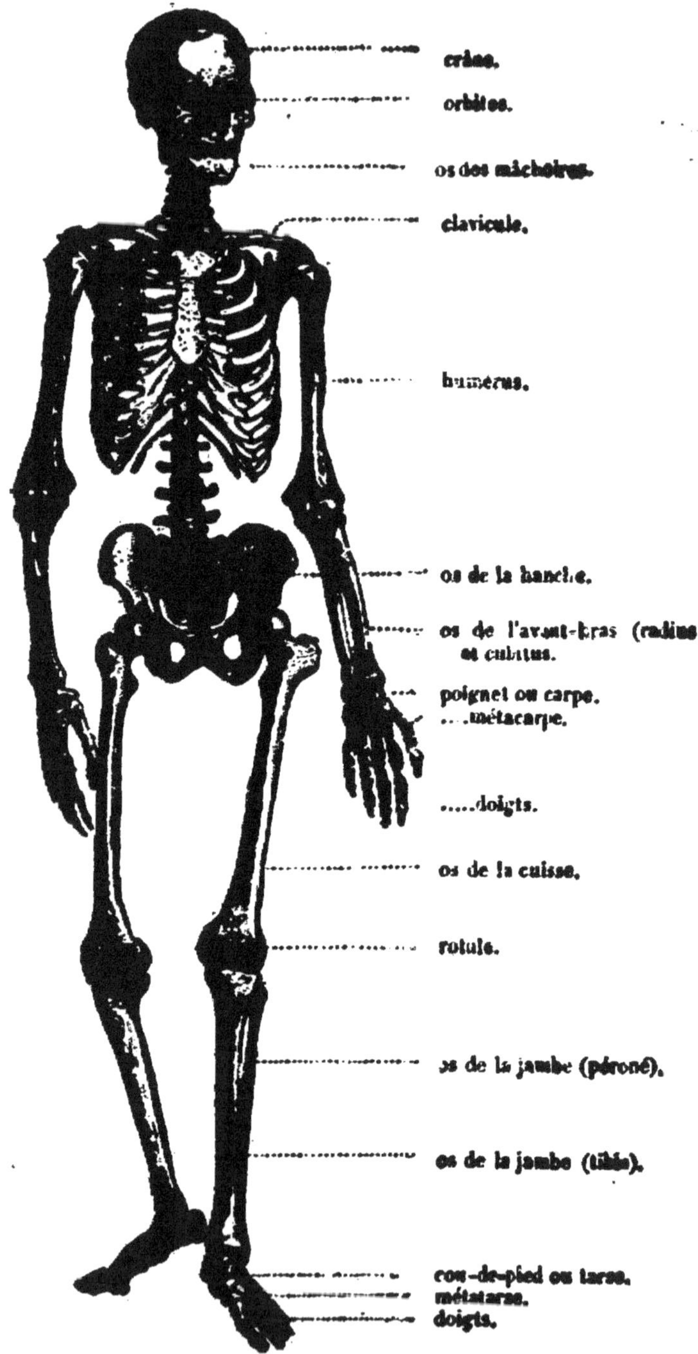

Fig. 11. — Un squelette humain.

siste en un seul os appelé os *iliaque*. La *cuisse* a pour os unique le *fémur*, le plus gros et le plus long de tous les os
du corps. La pointe du *genou* renferme un petit os rond,
la *rotule* ; la *jambe* comprend deux os longs, le *tibia* et le
péroné, et le *cou-de-pied* ou *tarse* est composé de sept petits os. Les os du *pied* sont disposés comme ceux de la *main*.

RÉSUMÉ DU CHAPITRE II.

14. — Pour vivre il faut que l'homme se nourrisse.

15. — Capable de sentir, de connaître, de comprendre, de raison-
ner et de vouloir, il sait fuir ce qui lui nuirait et chercher tout ce
qui lui est utile ou agréable. — Doué de ces facultés, il peut pour-
voir à ses besoins corporels et étudier pour les connaître les créatures qui l'entourent.

16. — La digestion extrait de nos aliments et de nos boissons
tout ce qui peut nous nourrir, et elle forme ainsi le chyle.

17. — Les organes de la digestion sont la bouche, l'estomac, les
intestins.

18. — La bouche introduit dans notre corps ce que nous mangeons et
buvons. Elle renferme les dents qui nous servent à mâcher les aliments.
— Ceux-ci passent ensuite dans l'estomac et dans les intestins. — Le
chyle est porté des intestins dans les veines.

19. — La respiration introduit et renouvelle sans cesse de l'air
extérieur dans notre poitrine.

20. — Cet air y est reçu par les deux poumons. — Un canal
naissant de la gorge conduit l'air jusque dans ces deux organes. —
Dans les poumons, le sang vient se rencontrer avec l'air. — C'est
ainsi que le sang devient rouge, de noir qu'il était, et acquiert tout
ce dont il a besoin pour nourrir notre corps.

21. — Il faut que le sang aille dans toutes les parties de notre
corps ; c'est le but de la circulation. — Le cœur, situé dans la poitrine, est chargé de le mettre en mouvement.

22. — Les sécrétions ont pour objet d'expulser du corps des matières devenues inutiles ou nuisibles. — La sécrétion de l'urine
en est l'exemple le plus frappant.

23. — La digestion, la respiration, la circulation du sang et
les sécrétions concourent à la grande fonction de la nutrition, qui
résulte de leur ensemble.

24. Nous sommes doués de la faculté de sentir et de la faculté de
remuer volontairement. — Ces deux facultés naturelles sont dues à
deux grandes fonctions : la sensibilité et la locomotion. Ces deux
grandes fonctions s'exécutent sous l'action du système nerveux.

25. — Le système nerveux a pour parties centrales le cerveau et le
cervelet contenus dans le crâne, et la moelle épinière, contenue

dans l'épine dorsale. — Ces parties centrales communiquent par les nerfs avec les organes des sens et avec les muscles de nos diverses parties.

26. — L'homme est pourvu de cinq sens : la vue, l'ouïe, l'odorat, le goût et le toucher. — Les yeux, les oreilles, les narines et la langue sont les organes des quatre premiers. — Le toucher s'exerce partout la peau, mais ses organes les plus parfaits sont les extrémités des doigts de nos mains.

27. — La locomotion a pour organes particuliers les os de notre squelette et les muscles, qui forment nos chairs. — Lorsque nous voulons remuer, nos nerfs font contracter nos muscles, et ceux-ci mettent nos os en mouvement.

28. — Le squelette est composé des divers os de notre corps réunis par les articulations ; c'est la charpente du corps. — On le divise, comme le corps, en trois parties : — 1° la tête comprend : le crâne, boîte osseuse protégeant le cerveau et le cervelet ; la face, où l'on remarque surtout les os des mâchoires ; — 2° le tronc est formé de la colonne vertébrale, des côtes, du sternum et du bassin ; — 3° les membres, composés d'une série d'os que voici : — membre supérieur : omoplate et clavicule ; humérus ; cubitus et radius : le carpe : (huit petits os) ; la main : (cinq os métacarpiens et quatorze phalanges) ; — membre inférieur : os iliaque ; fémur ; rotule, tibia et péroné ; le tarse : (sept petits os) ; le pied : (cinq os métatarsiens et quatorze phalanges).

QUESTIONNAIRE.

14° Quelles sont les principales fonctions de la vie chez l'homme ? — 15° Qu'appelle-t-on la nutrition ? — 16° Qu'est-ce que la digestion ? — 17° Quels sont les principaux organes qui servent à digérer ? — 18° Qu'est-ce que le chyle ? — 19° Qu'est-ce que la respiration ? — 20° Quels sont les principaux organes de respiration ? — 21° Qu'est-ce que la circulation du sang ? — Quel est l'organe qui met le sang en mouvement ? — 22° Qu'entend-on par le mot sécrétion ? — 23° Quelles sont les fonctions qui concourent à la nutrition ? — 24° Qu'est-ce que la sensibilité ? la locomotion ? — 25° Qu'est-ce que le système nerveux ? Quelles sont ses parties centrales ? — 26° Quels sont les organes des sens ? — 27° Quels sont les organes du mouvement ? — 28° Quelles sont les parties essentielles du squelette ? — Quels sont les os du membre supérieur ? du membre inférieur ?

CHAPITRE III.

LES RACES HUMAINES.

29. — Diversité des hommes selon les pays. — Le nombre des hommes qui existent sur la terre dépasse ce que l'on peut imaginer. Ce n'est pas par mille ou par centaines de mille qu'il faut les compter. On estime qu'il y en a près d'un milliard et demi. Ils sont loin de se ressembler tous d'un pays à un autre. Tout le monde a remarqué qu'en général les Anglais, par exemple, se distinguent des Français par la taille, la couleur des cheveux, la blancheur de la peau et les traits du visage. On dit que le Français appartient à une autre nation que l'Anglais. Il en est de même de l'Allemand, de l'Italien, de l'Espagnol. Chaque nation, en un mot, se reconnaît à certains traits caractéristiques.

30. — Les habitants des pays lointains diffèrent surtout entre eux. — Plus les pays sont éloignés les uns des autres, plus les hommes qui les habitent diffèrent par leur extérieur. Prenons pour exemple l'Algérie et la France. Les Arabes, qui sont les habitants naturels de cette colonie, ne se distinguent pas seulement par le costume des Français qui y passent comme colons. L'Arabe a généralement la peau bien plus basanée, le visage long et étroit, le nez busqué, les yeux noirs et vifs sous des sourcils épais. Ordinairement son corps est élancé, sec et nerveux. Il résulte de tout cela un extérieur qui ne permet pas de le confondre avec un Français.

Il en est de même entre les divers peuples nés dans des contrées distantes les unes des autres. Quelquefois même la différence devient assez grande pour sauter à tous les yeux. Telle est celle que l'on observe entre le nègre et le blanc. Cette différence ne tient pas seulement à la coloration noire de la peau chez le premier. En outre les traits du nègre se reconnaissent à la proéminence de la bouche et des lèvres. Le nez, moins saillant, est largement épaté au milieu du visage. Le front est fuyant, le crâne est petit par rapport à la face. Il y a là, en un mot, tous les caractères d'une race différente.

31.—Une seule espèce humaine; plusieurs races.—
On ne pourrait aller jusqu'à y voir une espèce différente de la nôtre. Tout ce que l'on a observé relativement aux hommes des diverses contrées conduit à les regarer comme provenant d'une seule et même source. Aussi s'accorde-t-on à considérer tous les hommes comme étant de la même espèce, *l'espèce humaine.* Cette espèce est la seule dans son genre et constitue *le genre humain.*

L'espèce humaine comprend *huit* grandes *races* réparties chacune dans l'une des grandes régions de la terre. Trois d'entre elles peuplent l'ancien monde, c'est-à-dire l'Asie, l'Europe et l'Afrique ; les autres habitent telles ou telles parties du nouveau monde, c'est-à-dire l'une ou l'autre Amérique, l'Australie et les diverses îles de l'Océanie.

32. — Race de l'ancien monde ; race blanche. — La première des races de l'ancien monde est celle qui a peuplé l'Europe et une grande partie de l'Asie. On la nomme la *race Caucasique* ou *race Blanche.* Toutes les nations de l'Europe lui appartiennent. Il faut y comprendre aussi celles de l'Asie-Mineure, de l'Arabie, de la Perse, de l'Inde, du Turkestan, de la partie occidentale du nord de l'Asie et du Nord de l'Afrique. Cette race, qui est parvenue à une civilisation plus élevée que toutes les autres , depuis près de quatre siècles, a couvert de ses colonies l'Amérique du Nord et de nombreuses par-

Fig. 15. — Type de la race Blanche ou Caucasique. — Tête de l'Apollon antique.

ties de l'Amérique du Sud, l'Australie, la Nouvelle-Zélande et le sud de l'Afrique. Les hommes de la race caucasique ont le plus souvent la peau blanche; cependant diverses nations de cette race ont la peau basanée ou même colorée en brun plus ou moins foncé. Mais leur front est avancé au même niveau que le reste du visage; le nez est saillant dès la racine; la bouche est petite, mince et délicate.

Les cheveux varient du blond au noir, en passant par la teinte rousse. Ils sont soyeux et souvent plus ou moins frisés ; une barbe souvent très épaisse orne le menton des hommes.

33. — Race jaune. — La seconde des races de l'ancien monde s'appelle la *race Mongolique* ou *race Jaune*. Elle couvre les contrées orientales de l'Asie, l'Indo-Chine, la Chine, le Thibet, la Mongolie, la Sibérie, le Kamschatka et le Japon. Les hommes de la race jaune ont le corps trapu et les membres relativement courts. Leur peau est d'une teinte plus ou moins jaunâtre. La face est aplatie, les pommettes très saillantes, avec le menton effilé en pointe, le front ressorré vers le haut et les yeux percés obliquement, relevés du côté extérieur. La barbe est rare ; elle est, comme les cheveux, noire, longue et jamais frisée.

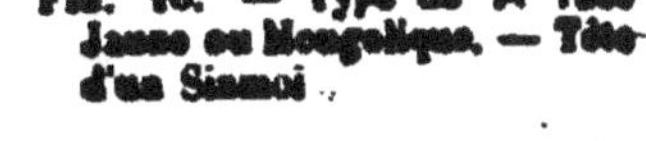

Fig. 16. — Type de la race Jaune ou Mongolique. — Tête d'un Siamoi.

34. — Race nègre. — La troisième des races de l'ancien monde est la *race Nègre* ou *race Noire*. On l'appelle aussi race *Ethiopique*. Elle est nettement caractérisée par la coloration noire de toute la peau. Le corps est élancé, svelte et nerveux. La tête est petite, le nez épaté, les lèvres grosses et saillantes. Les cheveux sont crépus et noirs. La barbe est très rare, mais également noire et crépue. La

Fig. 17. — Type de la race Nègre ou Ethiopique. — Tête de Nubien.

race nègre couvre toute l'Afrique, au sud du grand désert de Sahara.

35. — Race du nouveau monde ; race rouge ; race

américaine. — On distingue parmi les habitants primitifs du continent américain deux races principales. D'abord la *race Rouge* ou *race des Peaux-Rouges*, qui naguère couvrait l'Amérique du Nord jusqu'au Mexique; l'autre race, appelée

Fig. 18. — Tête d'Indien Peau-Rouge de l'Amérique du Nord.

spécialement *race Américaine*, occupe l'Amérique centrale et l'Amérique du Sud.

36. — **Race malaise.** — Les iles voisines de l'Asie, groupées autour de Bornéo, sont le domaine d'une autre race, la *race Malaise*. Aussi désigne-t-on souvent les divers archipels de cette portion de l'Océanie sous le nom de Malaisie.

37. — **Race papoue.** — L'Australie est le centre d'une autre race à peau noire et à cheveux crépus, que l'on désigne sous le nom de *race Papoue* ou *Mélanésienne*. Ce mot signifie hommes noirs des iles.

38. — **Race polynésienne.** — Enfin une grande partie des iles de l'Océanie, Nouvelle-Zélande, Taïti, Nouka-Hiva, archipel des Sandwich, sont peuplées par la *race Polynésienne* (habitant des iles nombreuses), que beaucoup de traits rapprochent de la race jaune.

39. — **L'homme est-il un animal?** — L'espèce humaine présente dans sa conformation extérieure les caractères distinctifs des animaux vertébrés mammifères. Aussi beaucoup de naturalistes ont-ils classé l'homme parmi les animaux, en tête des plus parfaits d'entre eux. Mais le développement de son intelligence, la faculté de parler, le sentiment qu'il a de bien ou mal faire et la conscience qui l'oblige à se juger lui-même mettent un intervalle immense entre lui et les animaux. Seul doué des facultés nécessaires pour les étudier, il peut, s'il le veut, se ranger parmi eux, mais il demeure tellement supérieur à eux, qu'il doit alors être regardé comme celui des animaux qui diffère le plus de tous les autres.

RÉSUMÉ DU CHAPITRE III.

29. — Le nombre des habitants de la terre atteint presque le chiffre 'un milliard et demi. Ils diffèrent entre eux d'une nation à une autre.

30. — Les différences sont plus grandes entre les hommes appartenant à des pays éloignés les uns des autres.

31. — Cependant tous les hommes sont regardés comme appartenant à une seule et même espèce, l'espèce humaine, qui forme un seul genre, le genre humain. — L'espèce humaine comprend 8 races : 3 de l'ancien monde ; 5 du nouveau monde.

32. — La race blanche ou Caucasique occupe l'Europe et l'Asie occidentale, des bouches du Gange au fleuve Iénissoï. — Ses colonies se sont répandues peu à peu, depuis 400 ans, dans les deux Amériques, l'Australie, la Nouvelle-Zélande et le sud de l'Afrique.

33. — La race jaune ou Mongolique occupe l'Asie orientale.

34. — La race noire, nègre ou Éthiopique occupe l'Afrique au sud du désert du Sahara.

35. — La race rouge ou des Peaux-Rouges habite l'Amérique du Nord jusqu'au Mexique. — Le reste du continent américain est peuplé par la race Américaine.

36. — La race Malaise habite la Malaisie.

37. — La race Papoue occupe l'Australie, la Nouvelle-Guinée et les archipels voisins jusqu'aux îles Viti.

38. — La race Polynésienne peuple la Polynésie et la Micronésie.

39. — L'homme, en ne considérant que son corps, peut être assimilé aux animaux. — Si l'on tient compte de son intelligence et de la distinction qu'il fait du bien et du mal, il est bien supérieur à tous les animaux.

QUESTIONNAIRE.

29° Quel est le nombre des habitants de la terre ? — 30° Y a-t-il des différences entre les hommes des divers pays ? — 31° Les différences sont-elles assez grandes pour croire que les hommes ne sont pas tous de la même espèce ? Combien de races principales compte-t-on dans l'espèce humaine ? Énumérez-les. — 32° Quelles contrées du globe habite la race blanche ? — 33° la race jaune ? — 34° la race noire ? — 35° la rouge ? — la race américaine ? — 36° la race malaise ? — 37° la race papoue ? — 38° la race polynésienne ? — Quels sont les traits distinctifs de chacune des trois races de l'ancien monde ? — 39° L'homme est-il un animal ?

CHAPITRE IV.

LE RÈGNE ANIMAL

40. — Traits caractéristiques des animaux.— Nous avons vu que les animaux ressemblent à l'homme par leur conformation extérieure. Mais ce n'est pas tout. Ils ont comme lui la faculté de *respirer*, de *manger* et de *digérer*. Dans leur corps circule un liquide semblable au *sang* de l'homme. Beaucoup d'entre eux ont même, comme lui, le *sang rouge*. Ils possèdent aussi la *sensibilité* et le *mouvement volontaire*. C'est même ce qui distingue particulièrement un animal d'une plante. Il remue à son gré. Il sent le mal qu'on peut lui faire. Il jouit des traitements agréables que l'on a pour lui. Il y a mieux, les animaux qui ressemblent le plus à l'homme paraissent avoir quelque chose de l'intelligence humaine. Ils sont capables d'affection. Le chien est un exemple célèbre de ces qualités chez un animal. Le cheval n'est ni moins intelligent, ni moins attaché à son maître.

41. — Animaux domestiques. — Ces instincts affectueux rendent certaines espèces d'animaux particulièrement propres à vivre avec l'homme. D'ailleurs elles nous rendent des services considérables. A cause de cela, les hommes les multiplient et en prennent soin. C'est ce qu'on appelle les *animaux domestiques*. Ce mot veut dire : *animaux faisant partie de la maison*. En effet, ils naissent, vivent et meurent sous le toit de leur maître ; ils reçoivent de ses mains la nourriture et les soins qui leur sont nécessaires. En échange, ils donnent à leurs maîtres leur travail, leurs produits et même leurs dépouilles après leur mort.

42. — Animaux sauvages. — Le nombre des animaux domestiques est très restreint, si on le compare à ceux qui vivent en dehors des demeures de l'homme. La plupart redoutent même son voisinage et se plaisent dans les lieux où il pénètre rarement. Aussi, par opposition, on les appelle *animaux sauvages*.

43. — Diversité et multiplicité des animaux.— Ceux que nous remarquons le plus volontiers sont généralement de forte taille. Les espèces domestiques sont même souvent plus grosses que l'homme lui-même. On peut citer comme exemples le cheval, l'âne, le chameau, le bœuf, qui nous servent de monture ou de bêtes de somme. D'autres, que nous recherchons seulement à cause des produits qu'ils nous fournissent, sont généralement moins gros. Tels sont le mouton, la chèvre, le coq et la poule. Enfin nous cultivons dans le même but de petits animaux, tels que l'abeille et le ver à soie.

Mais parmi les animaux sauvages que nous offrent les divers pays de la terre, il en existe quelques-uns dont la taille dépasse notablement celle de nos grandes espèces domestiques. Le nombre des animaux sauvages de moyenne et de petite taille est d'autre part tellement considérable, que l'immense majorité échappe à notre attention et n'est connue que de ceux qui s'occupent particulièrement de les rechercher.

De même que sous les arbres des forêts s'abritent les sangliers, les cerfs et les chevreuls, sous les herbes des prairies mille insectes de tailles très variées trouvent leur gîte et échappent à nos yeux. Puis il faut songer que si la terre et l'air sont peuplés d'une multitude d'animaux de toute taille, les eaux de nos lacs, de nos rivières et de nos fleuves en nourrissent un bien plus grand nombre. Enfin les eaux de la mer sont encore plus fécondes en espèces dont les unes sont les plus grandes que nous connaissions, tandis que d'autres sont d'une petitesse extrême.

44. — Il faut classer les animaux. — Au milieu de cette infinité d'animaux divers, il est extrêmement difficile de se reconnaître. Retenir leurs noms est déjà une œuvre très laborieuse. Savoir comment ils sont conformés exige une étude très longue. Mais, pour y réussir, il faut nécessairement *classer* les animaux.

Que veut dire un tel mot? — *Classer les animaux,* c'est rapprocher les uns des autres ceux qui se ressemblent par leur conformation, et disposer au contraire en groupes distincts ceux qui diffèrent les uns des autres. On arrive ainsi à mettre dans cette multitude un ordre qui permet de s'y retrouver. Ce travail de mise en ordre est ce qu'on appelle une *classification.*

45. — La classification. — On a comparé les animaux entre eux. On a commencé par leurs différences extérieures. Puis on a recherché en quoi leur conformation intérieure est dissemblable. En même temps on a reconnu quelles sont les espèces qui se ressemblent. Celles-ci ont été rangées les unes près des autres, tandis que l'on a séparé celles qui ne se ressemblent pas. Nous allons faire ensemble la partie la plus importante de ce travail.

La série complète de toutes les espèces d'animaux que nous connaissons forme ce que l'on appelle le RÈGNE ANIMAL. Cette série comprend plus de 400,000 espèces ! Tranquillisez-vous ; il ne s'agit pas de les prendre une à une ! Non ; il s'agit de comprendre comment on les a rangées en grands groupes ; comment dans chacun de ces grands groupes, nommés TYPES OU EMBRANCHEMENTS, on a formé des CLASSES ; puis, dans chaque classe, des ORDRES, et ainsi de suite jusqu'aux GENRES. Chaque genre est un groupe formé des ESPÈCES qui se ressemblent le plus.

Le RÈGNE ANIMAL se partage naturellement en *quatre types*. Nous chercherons comment se forment ces quatre types et par quels noms on a dû les désigner. Sachons seulement dès à présent ces quatre noms :

1°   Type des ANIMAUX VERTÉBRÉS.
2°   —   ANIMAUX ANNELÉS.
3°   —   ANIMAUX MOLLUSQUES.
4°   —   ANIMAUX ZOOPHYTES.

Le type des VERTÉBRÉS, par exemple, se subdivise en *cinq classes*, dont voici dès maintenant les cinq noms :

Type des VERTÉBRÉS. — 1° Classe des MAMMIFÈRES.
                      2°   —   OISEAUX.
                      3°   —   REPTILES.
                      4°   —   AMPHIBIES
                      5°   —   POISSONS.

Les principales classes du type des ANNELÉS sont celles des INSECTES, des ARACHNIDES, des MYRIAPODES, des CRUSTACÉS, des VERS.

RÉSUMÉ DU CHAPITRE IV.

40. — Les animaux respirent, mangent et digèrent comme le fait l'homme ; ils ont aussi du sang qui circule dans leur corps. — Comme l'homme, ils sentent et ils se meuvent selon leur volonté. — Ils diffèrent en cela des plantes ; car celles-ci n'ont pas la faculté de sentir ni celle de se mouvoir volontairement.

41. — Les animaux qui vivent avec les hommes et que ceux-ci prennent soin d'élever, de nourrir et de multiplier, se nomment des animaux domestiques. Ce sont ceux que l'on voit le plus souvent et que l'on connaît le mieux.

42. — Il y a un bien plus grand nombre d'animaux qui subsistent et se multiplient sans que les hommes en prennent aucun soin ; on les nomme les animaux sauvages.

43. — Les animaux diffèrent beaucoup par la taille ; quelques-uns sont gigantesques ; beaucoup sont gros par rapport à nous, d'autres de moyenne taille ; une multitude sont plus ou moins petits. — Les plus gros sont naturellement ceux que l'on remarque le plus.

44. — Pour reconnaître les animaux les uns des autres, il faut les classer d'après les différences et les ressemblances qu'ils présentent.

45. — La classification réunit en groupes subordonnés les uns aux autres les animaux plus ou moins semblables entre eux. — Elle place dans des groupes séparés ceux qui diffèrent entre eux. — Le Règne animal est la série complète des espèces connues d'animaux. — Il se divise en 4 types ou embranchements : Vertébrés, Annelés, Mollusques, Zoophytes. — Le type des Vertébrés se subdivise en 5 classes : Mammifères, Oiseaux, Reptiles, Amphibies, Poissons. — Les principales classes du type des Annelés sont : les Insectes, les Arachnides, les Myriapodes, les Crustacés, les Vers. — Un genre est formé des espèces qui se ressemblent le plus

QUESTIONNAIRE.

40° En quoi les animaux ressemblent-ils à l'homme ? — En quoi diffèrent-ils des plantes ? — 41° Que nomme-t-on animaux domestiques ? 42° Animaux sauvages ? — 43° Comment peut-on se reconnaître parmi la multitude des espèces d'animaux ? — 44° Comment fait-on pour classer les animaux ? — 45° Qu'appelle-t-on le règne animal ? — En combien de types se divise-t-il ? — En combien de classes se subdivise le premier type ? — Quelles sont les principales classes du deuxième type ? Qu'est-ce qu'un genre ?

————

CHAPITRE V.

LES QUATRE TYPES DU RÈGNE ANIMAL.

46. — Il y a des animaux qui ont des os. — Notre corps est composé de *chair* et d'*os*. La chair est molle, souple et flexible. Les *os* sont durs et rigides. Ils sont d'ailleurs entourés de *chair* de telle façon que le plus souvent on ne les sent pas directement sous la peau. Eh bien! tous les animaux sont-ils à cet égard conformés comme l'homme?

On s'aperçoit sans peine qu'il y en a beaucoup où les

Fig. 19. — Un Buffle; exemple d'animal vertébré (hauteur sur le dos : 1m,60).

chairs sont de même soutenues par des *os*. Arrêtez-vous devant l'étal d'un boucher, vous y verrez des corps de

Fig. 20. — Une poule ; exemple d'animal vertébré (hauteur sur le dos : 0m,25).

bœufs et de moutons dépouillés de leur cuir et dépecés en morceaux pour la vente. Vous constaterez par vous-mêmes que les *moutons* et les *bœufs* sont formés de *chairs* et d'*os*. Chaque fois que l'on mange une *volaille*, on y trouve, sous les *chairs*, des *os*, aussi bien que dans une côtelette de *mouton* ou dans un gigot. Qui ne se rappelle avoir trop souvent rencontré dans le *poisson* des *arêtes*, qui sont parfois dangereuses? Ce sont des *os* de *poisson*. En un mot, il existe un grand nombre d'animaux dont le corps est soutenu intérieurement par des *os* comme celui de l'homme.

47. — Il y a des animaux qui n'ont pas d'os. — Mais peut-être en est-il de même de tous les animaux? — Non certes! Vous connaissez bien les *vers de terre*, dont le corps absolument mou ne renferme aucun os. Les *sangsues* en sont également dépourvues. Il vous sera facile de vous assurer que le corps d'une *limace* ne renferme aucune partie dure

qui ressemble à des *os*. Vous serez peut-être un peu plus
embarrassés en présence d'un *hanneton* ou d'une *mouche*.
Ce sont des *insectes*, et ces sortes d'animaux ont le corps

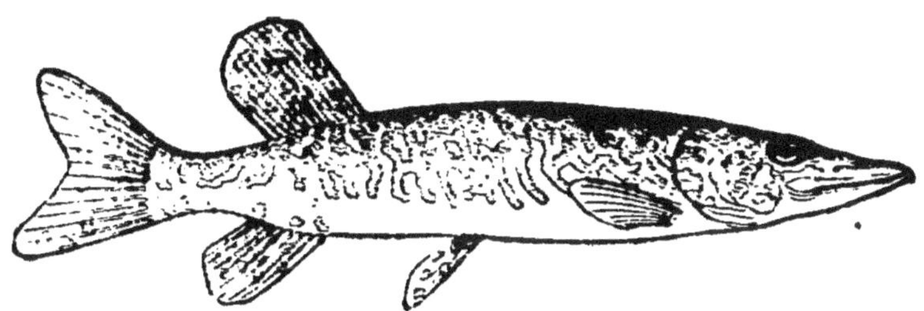

Fic. 21. — Un brochet; exemple d'un animal vertébré (longueur : 1m,50).

résistant à l'extérieur. Il semble que leur *peau* soit *cornée*.
En examinant leurs formes extérieures, on se rappelle in-
volontairement ces cuirasses qui recouvraient les cheva-
liers du moyen âge. Le *hanneton* et la *mouche* ont ainsi
le corps bardé de lames dures qui jouent les unes sur les

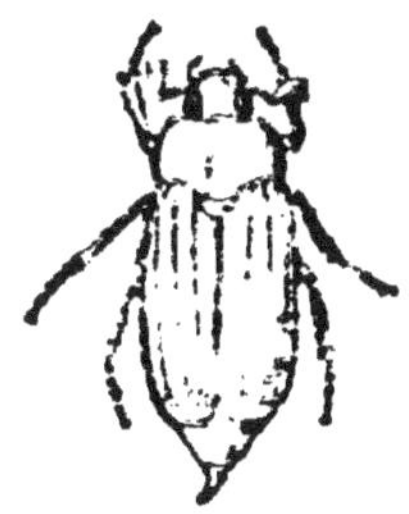

Fic. 22. — Un Hanne-
ton; exemple d'un ani-
mal invertébré (2/3 de
grandeur naturelle).

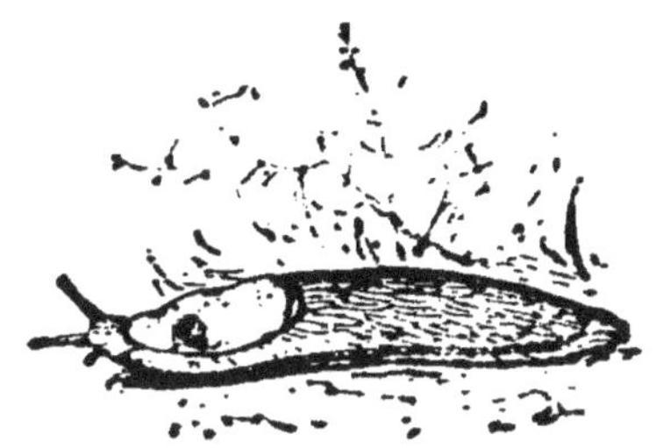

Fic. 23. — Une Limace; exemple d'un
animal invertébré (3 fois plus petit que
nature).

autres comme les pièces d'une armure; mais écrasez-les,
et dans leurs corps vous ne trouverez rien qui ressemble à des *os*.

Ainsi il existe beaucoup d'animaux dont le corps est
à cet égard bien différent de celui de l'homme.

48. — Le squelette.—On a donc réuni dans un premier
groupe tous les animaux qui *ont des os*. Lorsque le corps
d'un *chien*. d'une *poule* ou d'une *carpe* est abandonné à

lui-même et se décompose après la mort, il n'en reste plus bientôt que les os desséchés, ce qu'on appelle le *squelette*.

49. — **Le sang rouge; le sang blanc ou incolore.** — Les animaux qui ont un *squelette* formé d'*os* ont aussi le *sang rouge*. Il en est rarement ainsi chez ceux qui n'en ont point. Cependant le *ver de terre* et la *sangsue*, bien que privés d'os, ont aussi le *sang rouge*. Mais la *limace*, le *colimaçon*, l'*huître*, la *moule*, l'*écrevisse*, l'*araignée*, le *hanneton*, la *mouche* et tous les *insectes* n'ont pas le *sang rouge*. Lorsqu'on leur fait une blessure, le *sang* qui s'en écoule est *blanc ou sans couleur* et presque comme de l'eau.

50. — **D'où le premier type tire son nom de Vertébrés.** — Il existe donc à la tête du règne animal un grand groupe d'animaux qui ressemblent à l'*homme*, parce qu'ils ont, comme lui, un *squelette osseux* et le *sang rouge*. On les nomme *animaux Vertébrés*, parce qu'ils ont tous au milieu du dos une *épine dorsale* ou *colonne vertébrale*. C'est une série de petits *os* nommés les *vertèbres*. Il suffit de passer sa main sur la ligne moyenne du dos pour y sentir les *saillies* de l'*épine dorsale*.

51. — **Les Vertébrés n'ont jamais plus de quatre membres.** — Les *Vertébrés* ont encore une autre ressemblance avec l'*homme*. Le *chien*, le *cheval*, le *bœuf*, le *mouton*, le *coq*, le *pigeon*, ont comme lui *quatre membres*. On ne connaît aucun *vertébré* qui en ait davantage.

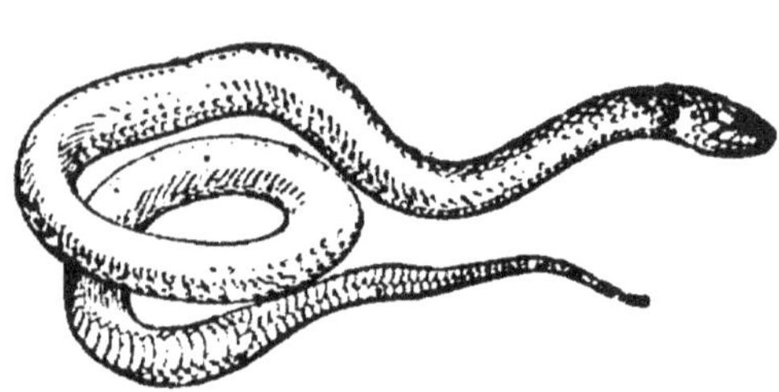

Fig. 21. — Une Couleuvre; exemple d'un animal vertébré sans membres (longueur : 0m,95).

Il y en a aussi, il est vrai, qui n'en ont pas du tout. Ainsi les *serpents* sont des *vertébrés sans membres*. D'autres, comme l'*anguille*, n'ont qu'une *seule paire de membres*, mais aucun animal pourvu d'un *squelette* et ayant le *sang rouge* n'a trois paires de *membres* ou davantage. C'est en dehors du groupe des *Vertébrés* que cette disposition s'observe. Ainsi, tous les *insectes* (la *mouche*, le *hanneton*, les *papillons*) ont *trois paires de pattes*; les *araignées* en ont *quatre*; les *écrevisses* en ont *cinq*. On peut donc dire

que tout animal qui a *deux paires de membres* seulement
est un *vertébré.*

Fig. 25. — Une Anguille; exemple d'un animal vertébré à deux membres seulement
(longueur : 1 mètre).

**52. — Le type des Vertébrés est le premier du
règne animal.** — C'est ainsi que l'on est arrivé a distinguer le *premier type* du règne animal, et à lui donner son
nom de type des *Vertébrés.* Le corps de l'homme est orga-
nisé comme celui de ces animaux. Les naturalistes qui
tiennent à ranger l'homme parmi les animaux, le placent
en tête des vertébrés, comme le premier dans la classe
des mammifères.

53. — La conformation d'une mouche. — Après les
animaux pourvus d'un squelette osseux, viennent ceux qui
n'en ont pas. On les désigne sou-
vent tous ensemble sous le nom
d'*invertébrés* (animaux sans co
lonne vertébrale). Mais ils présentent entre eux trop de différences pour être compris dans
un seul et même groupe. Nous
verrons même bientôt qu'il est
nécessaire de les ranger dans
trois *types* distincts.

Fig. 26. — Une Mouche commune
exemple d'animal annelé (3 fois
plus grand que nature).

Ce qui attire d'abord l'attention, ce sont ces nombreuses espèces d'animaux de petite taille
que l'on désigne sous le nom
d'*insectes.* Ils sont répandus dans la nature en nombre immense, et quelques-uns vivent habituellement autour de nous. La *mouche commune* est sans cesse sous nos
yeux. Il faut en attraper une, sans la blesser, et examiner un peu sa conformation que nous avons déjà esquissée
précédemment.

Son petit corps est assez compliqué ; mais il a des formes aussi nettes que délicates, car sa peau n'est pas souple et flexible. Elle est raide et forme une espèce de cuirasse cornée. Mais cette sorte de squelette extérieur n'est pas composé d'os ; c'est seulement la *peau endurcie*. On distingue dans l'animal un *corps*, des *ailes* et des *pattes*.

54.—La tête. — Le *corps* se compose d'abord d'une *tête* arrondie portant de gros *yeux* et une paire de petites *cornes* ou *antennes*. En dessous on aperçoit une petite *trompe*, au moyen de laquelle la *mouche* pompe les liquides dont elle se nourrit. C'est donc une partie de sa *bouche*.

55. — Le thorax, les six pattes et les ailes. — La seconde partie du *corps* est remarquable parce qu'elle porte les *deux ailes* et les *trois paires de pattes*. On la nomme le *thorax* ou *corselet* ; les *ailes* sont attachées en dessus. Ce sont deux lames triangulaires extrêmement délicates et même transparentes. Les six *pattes* sont à peu près semblables entre elles. Elles sont très minces et composées de plusieurs parties (ou *articles*) jouant les unes sur les autres. On les a comparées à la *hanche*, à la *cuisse*, à la *jambe* et au *tarse* de l'homme ; mais elles n'y ressemblent que par leurs usages et non par leurs formes.

56. — L'abdomen — La troisième et dernière partie du corps est en forme d'ovale allongé. Elle ne porte ni pattes, ni ailes. Elle sert à contenir les organes intérieurs ou viscères, et surtout les organes au moyen desquels la *mouche* digère ses aliments. Cette troisième partie est *l'abdomen*. Elle est composée de quatre bandes transversales formant une *série d'anneaux*, dont quatre sont bien visibles.

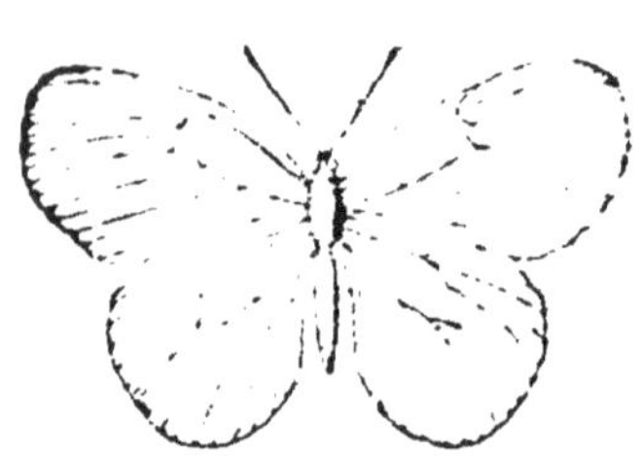

F. 27. — Un Papillon ; exemple d'un insecte à quatre ailes (2 fois moindre que nature).

Prenons maintenant un *papillon*. Dans cet autre insecte, nous reconnaissons sans peine les mêmes parties. Il y a cependant une différence remarquable. Le *papillon* a bien *six pattes* comme la *mouche*, mais il a *quatre ailes* au lieu de *deux*. La plupart des *insectes* lui ressemblent en ce point.

57. — La conformation d'une araignée. — On a l'habitude de désigner encore sous le nom d'*insectes* les *araignées*. A première vue assez semblables aux *insectes*, elles présentent cependant des différences importantes.

Leur corps ne se compose que de *deux parties*. La *tête* et le *thorax* sont confondus ensemble , et ne forment qu'une partie appelée *céphalo-thorax* (*tête et thorax*). A la suite vient *l'abdomen*, composé d'une *série d'anneaux*. Le nombre des *pattes* diffère de celui des *insectes* : il y en a *huit*, toutes attachées sous la première partie du corps, formée de la *tête* et du *thorax*. Enfin il n'y a pas d'*ailes*.

Fig. 28. — Une Araignée des maisons ; exemple d'animal annelé à quatre paires de pattes (2 fois moindre que nature).

58. — La conformation d'un mille-pattes. — N'avez-vous pas vu parfois sous les pierres, lorsque vous venez de les arracher du sol, ce qu'on appelle habituellement des *mille-pieds* ou *mille-pattes*. On dirait un *insecte* formé simplement d'une longue série d'anneaux semblables, dont chacun porte des *pattes*. C'est qu'en effet les *mille-pattes* ressemblent aux *insectes* , sauf la composition de leur *corps* et le nombre de leurs *membres*. Le

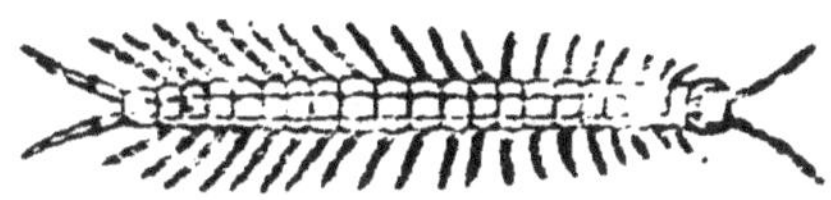

Fig. 29. — Une Scolopendre ; exemple d'un animal annelé dit à mille-pattes (grandeur naturelle)

corps renferme tantôt *dix anneaux*, tantôt *quinze* ou *vingt*, et même davantage. Le nombre des *pattes*, loin de se borner à *six*, est de *vingt, trente, quarante, cent*, et même plus, suivant les espèces.

59. — La forme annelée du corps. — Tous ces animaux présentent un trait commun, c'est que leur corps est composé *d'anneaux* placés les uns à la suite des autres. Parfois, comme dans les *mille-pieds*, ils sont très distincts, et cette composition est évidente ; parfois aussi elle n'est reconnaissable que dans une portion du corps. C'est ainsi que, chez *l'insecte*, *l'araignée*, *l'écrevisse* ou le *homard*, la *série des anneaux* n'est visible que dans *l'abdomen* ; mais, au

lieu de nous borner à considérer le *papillon* dans sa forme
définitive, examinons la *chenille,* qui est le même animal
dans son jeune âge ; le corps de la *chenille* n'est-il pas

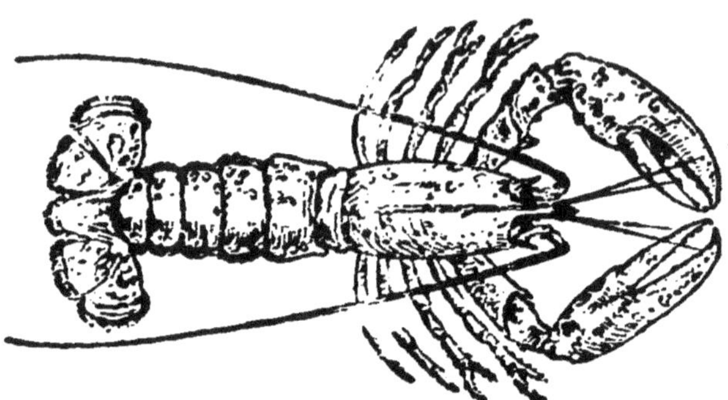

évidemment une *série d'anneaux ?* Le *ver blanc,* qui a été
la première forme du *hanneton,* ne montre pas moins
clairement un *corps annelé.*

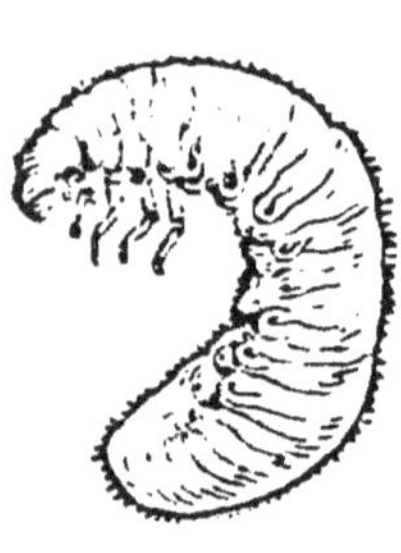

Cette disposition du corps en *anneaux*
n'est pas moins évidente chez le *ver de
terre* ou la *sangsue,* tandis qu'on la cher-
cherait vainement chez les *limaces,* les
colimaçons, les *huîtres* ou les *moules.*

60. — Les Annelés. — Il y a donc,
après les *Vertébrés,* un second type d'a-
nimaux que l'on a pu appeler les *Annelés.*
Ils n'ont point d'*os ;* mais leur corps est
essentiellement formé d'une série longi-
tudinale d'*anneaux* qui tendent à se ressembler.

**61. — Les deux derniers types du
règne animal.** — Après que l'on a rangé
dans les deux premiers types toutes les
espèces de *Vertébrés* et d'*Annelés,* il reste encore à classer
un grand nombre d'animaux. Mais ceux-ci vivent pour la
plupart dans les eaux de la mer, et vous n'avez pas eu
d'occasion de les apercevoir même rarement. Les océans
cachent dans leurs profondeurs un grand nombre d'espèces
dont quelques-unes seulement, rejetées par le flot sur les
rivages, se présentent aux yeux des hommes D'autres

encore ne sont connues que des pêcheurs. D'autres enfin n'ont été trouvées que par les savants désireux de connaître ce monde mystérieux. La plupart de ces animaux ont le corps *mou*, ils n'ont pas d'*os* à l'intérieur ; à l'extérieur ils ont la peau endurcie comme une cuirasse superficielle.

Fig. 32. — Une Sangsue ; exemple d'un animal annelé en forme de ver (2/3, de la grandeur naturelle).

Jamais on n'y voit de plis transverses divisant l'animal en une suite d'anneaux. La masse, purement charnue du corps se présente d'une seule pièce, protégée soit par des *coquilles*, soit par un épaississement plus ou moins prononcé de la peau elle-même.

On distingue parmi ces animaux inférieurs, en grande majorité aquatiques et marins, deux types qui viennent se ranger après les deux premiers dont nous avons déjà parlé. L'un est le *type des animaux Mollusques* ; l'autre est celui des animaux *Zoophytes*.

62. — Les Mollusques. — Ce nom signifie *animaux mous*. Il rappelle que ceux-ci n'ont pas d'*os* et n'ont pas le corps cuirassé extérieurement. Leur peau reste molle, flexible et humectée, comme on peut le voir dans les *limaces* et les *colimaçons*. Je cite ces deux genres d'animaux parce qu'ils sont du très petit nombre des *mollusques* qui vivent hors de l'eau et s'offrent à nos regards, dans

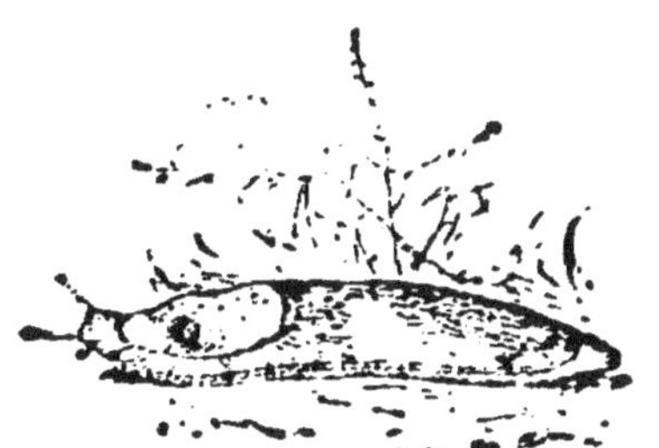

Fig. 33. — Une Limace ; exemple d'un animal mollusque sans coquille (3 fois moindre que nature).

les lieux humides de nos campagnes. Les *limaces* ne portent pas de *coquille*. Les *colimaçons* au contraire en ont une sur le dos. Ils y logent à demeure une partie de leur corps. Le reste s'y abrite, ou s'étale au dehors, à la volonté de l'animal. Cette *coquille* est d'une seule pièce ; c'est ce que l'on appelle une *coquille univalve*. Si vous avez jamais vu des *huîtres* ou des *moules*, vous aurez remarqué qu'au contraire elles ont une coquille composée de deux pièces articulées l'une sur l'autre. C'est une *coquille bivalve*, c'est-à-dire composée de deux *valves*. Les *huîtres* et les *moules*, comme l'immense majorité des mollusques, sont exclusivement maritimes.

Fig. 34. — Un Colimaçon des vignes ; exemple d'un animal mollusque a coquille univalve (moitié de grandeur naturelle).

Fig. 35. — Une Moule comestible ; exemple d'un animal mollusque à coquille bivalve (moitié de grandeur naturelle).

63. — Les Zoophytes. — Le nom du quatrième *type* d'animaux est emprunté à la langue grecque. Il se compose de deux mots, dont le premier signifie *animal* et le second veut dire *plante*. Un *zoophyte* est donc un *animal plante*. C'est qu'en effet un grand nombre des espèces de ce dernier type affectent des formes semblables à celles des arbres ou des arbrisseaux. Il en est une dont les tiges nous fournissent une matière rouge et dure que l'on emploie pour faire des bijoux. Je veux parler du *corail rouge*. Lorsqu'on les retire de la mer, les brins de corail semblent être des branches et des rameaux d'un arbuste écarlat. Ces branches sont recouvertes d'une peau colorée en un jaune orangé très vif. Çà et là on y aperçoit des points blancs à peine gros comme des grains de millet. Chacun de ces points est

Fig. 36. — Un pied de Corail rouge ; exem ·s d'animaux zoophytes agrégés (4 fois plus p tit que nature).

un animal distinct, ce que l'on nomme un *polype.* Mais ces *polypes* tiennent les uns aux autres par la peau commune, de couleur orangée, qui revêt tout le rameau de corail. Lorsque la mer est calme, tous les polypes s'épanouissent dans l'eau, et chacun d'eux a la forme d'une fleur blanche fixée sur le rameau rouge. C'est une fleur subitement épanouie ; au moindre tumulte des flots, elle rentrera en elle-même et se réduira en un simple bouton blanc Quant à la matière rouge et pierreuse que l'on emploie dans la bijouterie, elle est renfermée sous la peau orangée et constitue le support commun de toute cette colonie d'*animaux* agrégés. Cette charpente pierreuse est le *polypier*, travail commun de tous les *polypes* qui forment cette association naturelle.

Fig. 37. — Une Étoile de mer ; exemple d'un animal zoophyte non agrégé (6 fois moindre que nature).

Les personnes qui ont visité les côtes de nos mers ont rencontré parfois sur le rivage des *étoiles de mer*, des *oursins*, vulgairement appelés *châtaignes de mer*. Elles ont pu voir aussi ces animaux mous et souvent ornés de couleurs brillantes que l'on nomme des *anémones de mer*. Sur les côtes de Bretagne, lorsque la mer est calme, on voit nager en grand nombre des *méduses* ou *orties de mer* que le flot, en se retirant, abandonne bientôt sur la plage, comme des amas de gelée vivante. Les rivages de la Méditerranée en possèdent d'autres espèces. Tous ces animaux marins sont des espèces du *type des Zoophytes*.

RÉSUMÉ DU CHAPITRE V.

46 et 47. — On distingue parmi les animaux ceux qui ont des os dans leur corps et ceux qui n'ont pas d'os.

48. — L'ensemble des os qui soutiennent le corps d'un animal constitue son squelette.

49. — Les animaux qui ont le squelette composé d'os ont le sang rouge. — Ceux qui n'ont pas de squelette osseux ont presque tous le sang blanc ou incolore.

50. — Tous les animaux qui ont des os et le sang rouge, ont, dans le milieu du dos, une épine dorsale ou colonne vertébrale : c'est la

pièce principale de leur squelette. — Pour cela, on les désigne sous le nom d'animaux Vertébrés.

51. — Les Vertébrés n'ont jamais plus de quatre membres. — Il en est qui n'en ont que deux ; d'autres n'en ont pas du tout. — Parmi les animaux sans squelette et à sang blanc, ceux qui ont des membres en ont toujours plus de quatre.

52. — Le premier des quatre types du règne animal est celui des Vertébrés. — L'homme y figurerait en tête, si l'on tenait à le classer parmi les animaux.

53. — Les invertébrés se répartissent dans les 3 autres types. — Si l'on examine une mouche, on voit que la peau durcie lui forme une cuirasse cornée, une sorte de squelette extérieur. — On y distingue un corps, des ailes et des pattes.

54. — Le corps se compose de 3 parties : tête, thorax ou corselet, abdomen. — La tête porte les yeux, les antennes et les parties de la bouche.

55. — Le thorax porte en dessus une paire d'ailes, en dessous trois paires de pattes. — Les pattes se composent d'articles mobiles : hanche, cuisse, jambe et tarse.

56. — L'abdomen est composé d'un série d'anneaux, dont cinq sont bien distincts. — Il contient une grande partie des organes intérieurs par lesquels la mouche se nourrit. — Un papillon montrerait les mêmes parties ; mais on y trouverait deux paires d'ailes.

57. — Le corps d'une araignée ne se compose que de deux parties : céphalo-thorax (tête et thorax réunis) et abdomen. — L'araignée a quatre paires de pattes.

58. — Le mille-pattes se compose d'une tête suivie d'une longue série d'anneaux semblables. — Chacun d'eux porte une paire de pattes.

59. — Chez tous ces animaux, le corps se compose d'une série d'anneaux placés bout à bout.

60. — Le deuxième type a donc reçu le nom d'animaux Annelés. — Il comprend les animaux sans os, dont le corps est formé d'une suite d'anneaux.

61. — Les animaux sans os et dont le corps n'est pas annelé vivent presque tous dans l'eau, soit dans les eaux douces, soit dans la mer. — Ils se divisent en deux types, le troisième et le quatrième du règne animal.

62. — Le troisième type est celui des Mollusques (ou animaux mous). — Les limaces et les colimaçons sont des mollusques vivant hors de l'eau. — Les colimaçons ont une coquille univalve (d'une seule pièce). — Les huîtres, les moules sont des mollusques aquatiques à coquille bivalve (de deux pièces).

63. — Le quatrième et dernier type est celui des Zoophytes (ou animaux-plantes).

QUESTIONNAIRE.

46° Citez des animaux qui ont des os. — 47° Citez-en qui n'ont pas d'os. — 48° Qu'est-ce que le squelette ? — 49° Quels sont les ani-

*maux qui ont le sang rouge? le sang blanc ou incolore? — 50° Qu'est-
ce que les Vertébrés? — 51° Combien ont-ils de membres? — Citez,
parmi les animaux les plus connus, des exemples du type des Vertébrés. — 52° L'homme est-il un vertébré? — 53° Qu'est-ce que les
invertébrés? — En combien de types se divisent-ils? — 54° Décrivez la conformation d'une mouche, sa tête. — 55° Son thorax; —
ses pattes; ses ailes. — 56° Son abdomen. — Quelles sont les
différences entre la mouche et le papillon? — 57° Décrivez la conformation d'une araignée. — 58° D'un mille-pattes. — 59° Qu'est-ce
que les Annelés? — 60° Citez quelques animaux vulgaires appartenant
au type des Annelés. — 61° Quels sont les deux derniers types du
règne animal? — 62° Citez quelques Mollusques bien connus.— 63° Citez
quelques animaux dont la conformation justifie le nom de Zoophytes.*

CHAPITRE VI.

LES CINQ CLASSES DE VERTÉBRÉS.

64. — Les Vertébrés qui allaitent leurs petits et qui

Fig. 38. — Un Lion ; exemple d'un animal vertébré mammifère (hauteur sur le dos :
1^m,25).

ont le corps couvert de poils. — Le nombre des animaux

Vertébrés est considérable et leurs formes sont très variées. D'abord il y en a qui, comme le *chien*, le *cheval* ou le *bœuf*, ont le corps couvert de *poils*. La plus grande partie ont *quatre membres*. Enfin les femelles nourrissent leurs petits du *lait* que fournissent leurs *mamelles*. Ces *Vertébrés* forment un premier groupe que l'on appelle les *Mammifères*, animaux ayant des mamelles.

65. — Les Vertébrés qui ont des plumes et des ailes. — D'autres *Vertébrés* se distinguent par leur conformation pour le vol. Ce sont les *Oiseaux*, dont tout le monde connait le nom et les formes extérieures. Tout le monde sait les reconnaitre. Ils ont le corps couvert de *plumes*; ils ont toujours *quatre membres*; la paire supérieure, disposée en *ailes*, sert pour voler; la paire inférieure, disposée en *pattes*, sert pour marcher; leur tête, généralement petite, est armée d'un *bec* qui tient lieu de lèvres et de dents.

Fig. 39. — Une Crécerelle, espèce d'oiseau de proie (10 fois plus petite que nature).

66. — Les Vertébrés rampants, à peau sèche et écailleuse. — Nous allons jeter les yeux sur ce joli animal que l'on appelle le *lézard*. Il a *quatre membres*, trop faibles pour soulever son corps au-dessus de la terre. Au lieu de lui servir véritablement à marcher, ses *membres* l'aident seulement a *ramper* sur son vente. Son corps n'est couvert ni de *poils*, ni de *plumes*. Sa *peau* est *nue*, *sèche* et *écailleuse*. Chez les *tortues*, la peau porte sur le dos de larges plaques de matière cornée que l'on appelle de l'*écaille*. Ces animaux *rampent* aussi à l'aide de leurs *quatre pattes*. Ils se placent dans la même classe que les *lézards*. Imaginez maintenant un *lézard* n'ayant plus de membres

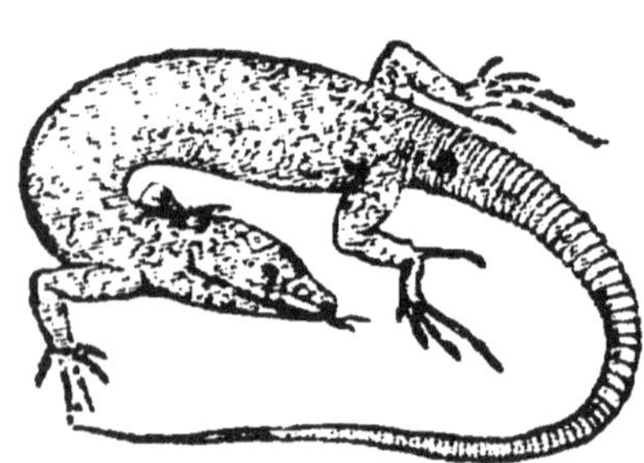

Fig. 40. — Un Lézard vert; exemple de reptile à quatre membres (3 fois plus petit que nature).

et dont le *corps* est fort *allongé*; vous avez un *serpent*
Ainsi se forme naturellement un troisième groupe de

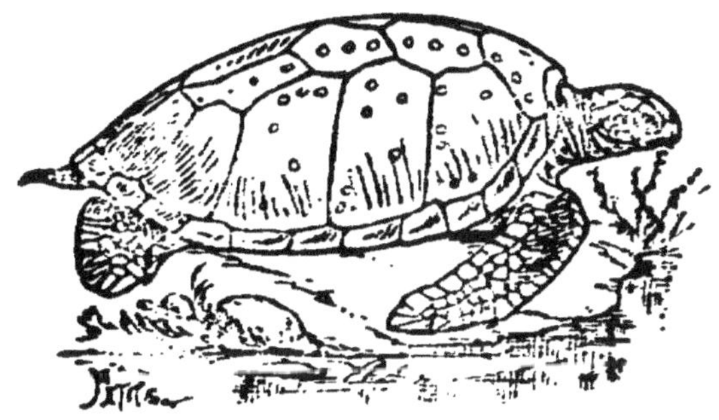

Fig. 41. — Une Tortue franche, espèce de tortue de mer; exemple d'un reptile à carapace (longueur : 2 mètres).

Vertébrés, que l'on appelle la classe des *Reptiles* (*animaux qui rampent*).

67. — Les Vertébrés à peau nue et humide, et à métamorphoses. — Vous avez souvent vu au bord des mares ou des étangs et dans les prés hmides des *grenouilles* ou des *crapauds*. Leur peau molle et humectée est abso-

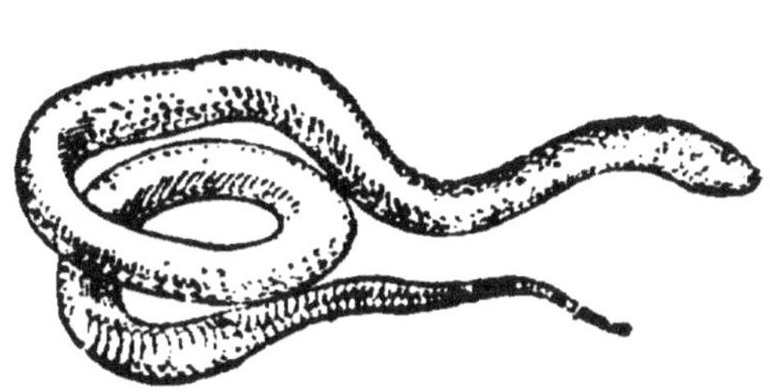

Fig. 42. — Une Couleuvre à collier; exemple de serpent longueur : 0m,95).

Fig. 43. — Une Grenouille rousse exemple d'amphibie (3 fois pl petite que nature).

lume t dépourvue de poils, plumes ou écailles. Ils n'ont même pas d'*ongles*. Ce sont des animaux *rampants*, *à peau nue*. Pour entretenir l'humidité dont leur peau a constamment besoin, ils recherchent l'eau ou les lieux mouillés. Dans leur jeune âge, ils sont tout à fait *aquatiques*, et *respirent l'air contenu dans l'eau* Ils font partie d'une quatrième classe de *Vertébrés*, que l'on appelle les *Am-*

phibies (*animaux ayant deux modes d'existence, tour à tour terrestres ou aquatiques*).

68. — Les Vertébrés aquatiques couverts d'écailles et pourvus de nageoires. — Enfin, si vous allez dans une poissonnerie, près des pêcheurs, sur les côtes de la mer, ou sur les bords d'une rivière, vous aurez une occasion facile de voir des *Poissons*. Ce sera une *sole*, un *merlan*, une *truite*, une *carpe*, un *brochet*. Tous ces animaux ont dans leur corps des *arêtes*, c'est-à-dire des *os*. On retrouve sans peine le long de leur dos, au milieu des

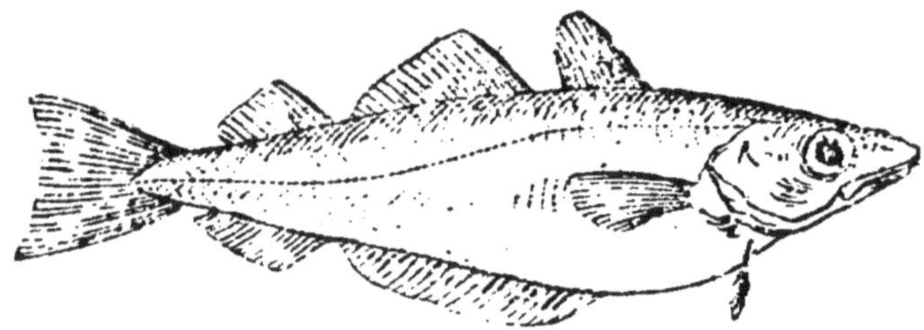

Fig. 44. — Un Merlan ; exemple de la conformation des poissons (5 fois plus petit que nature).

chairs, une *arête principale* : c'est leur *colonne vertébrale*. Ils ont en outre le *sang rouge*. Ce sont donc encore des *Vertébrés*; mais ils diffèrent de tous les autres; ils ont besoin pour vivre d'être *plongés dans l'eau*. Si on tient un *poisson hors de l'eau, il ne tarde pas à mourir. Il étouffe* en réalité; car l'air *dessèche* ses *branchies*, qui sont des organes de respiration aquatique; et il ne peut respirer l'air libre. Aussi replacez dans l'eau, avant qu'il ne périsse, le poisson que vous en avez tiré ; il se remet assez rapidement et reprend bientôt toute sa vivacité d'allures. La peau des poissons est protégée par des écailles qui y sont implantées. Leur corps est disposé pour se mouvoir dans l'eau. Leurs membres sont conformés en *nageoires*.

C'est là une cinquième classe d'animaux Vertébrés. Les quatre premières comprennent des animaux *terrestres* qui *vivent et respirent dans l'air* ; les poissons sont des *vertébrés aquatiques*.

RÉSUMÉ DU CHAPITRE VI.

64. — Le type des Vertébrés se subdivise en cinq classes. — Pre-

mière classe, Mammifères ; — Vertébrés couverts de poils ; — nourrissant leurs petits du lait de leurs mamelles (de là vient leur nom, qui veut dire: portant des mamelles); — ayant quatre membres en général ; quelquefois deux seulement.

65. — Deuxième classe, Oiseaux ; — Vertébrés organisés pour voler; — pourvus de quatre membres ; les supérieurs conformés en ailes ; les inférieurs, en pattes ; — corps couvert de plumes ; — bouche armée d'un bec.

66. — Troisième classe, Reptiles ; — Vertébrés conformés pour ramper sur le sol avec ou sans membres ; — peau nue, sèche et écailleuse.

67. — Quatrième classe, Amphibies ; — Vertébrés à peau nue et humide sans plaques écailleuses et même sans ongles ; — vivant et respirant dans l'eau durant leur jeune âge ; dans l'air, à l'âge adulte.

68. — Cinquième classe, Poissons ; — Vertébrés aquatiques, ne respirant que l'air contenu dans l'eau ; périssant lorsqu'on les tient hors de l'eau ; — corps et membres organisés pour nager ; — peau habituellement garnie d'écailles.

QUESTIONNAIRE.

64° En combien de classes se divisent les Vertébrés ? — Quel est le caractère essentiel des Mammifères ? — Que signifie leur nom, et pourquoi leur a-t-il été donné? — Quel caractère présente leur peau? — Combien de membres possèdent-ils ? — Citez, parmi les animaux que vous connaissez, des exemples de Mammifères ? — 65° Quelle est la deuxième classe du type des Vertébrés ? — Quel est le caractère essentiel des Oiseaux? — De quoi sont-ils couverts ? — Comment est conformée leur bouche ? — 66° Comment nomme-t-on la troisième classe des Vertébrés? — Quels sont ses caractères ? — Citez des Vertébrés de cette classe. — 67° Quels sont les caractères de la quatrième classe des Vertébrés? — Quels sont leurs deux genres de vie? — Citez des Vertébrés de cette classe. — 68° Quel est le caractère essentiel de la cinquième classe ? — Qu'arrive-t-il à un poisson placé hors de l'eau? — Quelle est la conformation du corps et des membres des Poissons ? — Comment leur peau est-elle protégée ?

CHAPITRE VII

LES MAMMIFÈRES.

60. — Le lait et l'allaitement des petits. — La classe des *Mammifères* est la plus élevée de toutes celles du règne animal. C'est la première du *type* des animaux *Vertébrés*. Ce *type* lui-même est le premier, de telle sorte que la classe des *Mammifères* se place en tête de la série des animaux. Elle renferme ceux dont la conformation est la plus parfaite et ceux qui rendent à l'homme le plus de services.

Le trait le plus curieux de la conformation des *Mammifères* se trouve dans leur manière d'*élever leurs petits*. Un jeune *veau*, par exemple, ne peut, dès qu'il vient de naitre, *brouter l'herbe* comme le fait la *vache* ou le *taureau*. Il faut qu'il *tète* pendant six ou sept mois. Cela veut dire que durant cette période il ira chercher sa nourriture au *pis de sa mère*. Dans ce *pis* ou *mamelle*, il se produit du *lait*, et c'est justement le seul aliment dont il puisse se nourrir durant les premiers mois. Il applique son mufle sur l'un des trayons et il le suce de façon à remplir sa bouche de lait tout chaud. Ce liquide le nourrit admirablement bien, car il grandit et il augmente de poids avec rapidité ; le lait lui suffit seul pendant toute la première période de son développement, qui est la plus active.

Observez de *jeunes chiens*, de *jeunes poulains*, en un mot tous les *petits mammifères* que vous aurez l'occasion de rencontrer ; les choses se passent de même pour eux.

Il est curieux de rechercher ce que contient le lait ; de quelles matières il se compose. C'est d'abord de l'eau ; dans un *litre* de *lait de vache* il y a presque neuf *décilitres* d'eau. Le reste est formé de *caséum* ou matière du *fromage*, d'un sucre particulier qu'on nomme *sucre de lait*, et d'une matière grasse qui est le *beurre*. Il y a environ *trois centilitres de beurre, quatre de sucre, trois de caséum ou fromage*.

Il n'y a, parmi tous les animaux, que les *mammifères* qui nourrissent leurs petits de cette façon. C'est chez eux seulement que l'on rencontre des *mamelles*, organes chargés de produire le lait destiné aux jeunes animaux.

Cette classe privilégiée du *type des Vertébrés* contient à la fois les plus gros animaux et ceux dont la conformation est la plus parfaite, et dont les instincts s'approchent le plus de l'intelligence humaine. C'est parmi eux que l'homme trouve des compagnons de ses travaux et presque des amis pour vivre à son foyer.

70. — La respiration pulmonaire et le sang chaud. — Organisés pour vivre dans l'air, les *Mammifères respirent*, ainsi que l'homme, à l'aide de *deux poumons*, placés dans la poitrine, et où l'air pénètre par la *bouche* et par les *narines*. C'est ce qu'on appelle une *respiration pulmonaire*.

Leur corps est *chaud*, c'est-à-dire qu'il se maintient au même degré de chaleur, sans que le froid ou le chaud du dehors le fasse varier. C'est leur *sang* qui les tient ainsi toujours également échauffés. Ce sont des *animaux à sang chaud*.

71. — Le poil. — Le corps des *Mammifères* est *couvert de poils.* Ce *pelage* est destiné à leur *conserver la chaleur* que leur sang développe dans l'intérieur du corps. Généralement il est d'autant plus fourni que les animaux qui le portent vivent sous les climats plus froids. La fourrure qui protège ainsi la surface du corps se compose de deux sortes de *poils*. Les uns sont frisés, très fins, très touffus et assez courts ; ils forment le dessous, ou, comme on dit, la *bourre de la fourrure*. C'est là ce que l'on nomme le *poil laineux*. Le *poil soyeux* ou *jarre* est droit, plus gros, plus long et plus luisant. C'est lui qui donne à la fourrure son éclat ; mais c'est l'autre qui la rend chaude.

Les *Mammifères* des pays chauds de notre globe ont en général le poil peu épais ; souvent il est clair-semé ; parfois même il est si rare qu'il laisse voir à nu la peau de l'animal.

72. — Les membres. — La plupart des animaux Mammifères sont *quadrupèdes*, c'est-à-dire qu'ils ont *quatre membres*. Il n'y a d'exception que pour le groupe des *cétacés*, parmi lesquels on range d'immenses animaux, tels que les *baleines* et les *cachalots*, et des espèces de taille plus modeste, telles que les *dauphins* et les *marsouins*. Ce sont tous des *mammifères aquatiques*, bien que *respirant l'air en nature* avec des *poumons*. Leur corps est conformé pour la nage ; leurs membres antérieurs, que l'on appelle des *aile-*

rons, ont la forme de nageoires; mais ils n'ont pas de membres postérieurs.

Fig. 45. — Un Dauphin ; exemple de mammifère à deux membres seulement (longueur : 2m, 40).

73. — La conformation des extrémités des membres. — Tous les autres *mammifères* ont *quatre membres* comme l'homme. Seulement ils n'en font pas toujours le même usage. Le *cheval*, le *bœuf*, le *mouton*, la *chèvre* et bien d'autres animaux ont les quatre membres à peu près semblablement conformés. Ce sont uniquement quatre supports sur lesquels leur corps repose. *Les quatre membres* servent également pour *marcher* et pour *courir*.

Comparons à ces animaux un *singe*. C'est un mammifère étranger à nos climats ; il appartient aux contrées chaudes plus ou moins voisines de l'équateur. Néanmoins on en trouve un grand nombre dans les ménageries, et il n'est pas rare d'en voir chez des personnes qui les élèvent en captivité, ou entre les mains des musiciens ambulants qui les montrent pour attirer la foule. Le singe a des *mains* très analogues aux nôtres ; mais il n'a pas nos *pieds*; aux membres de derrière il a encore des mains comme à ceux de devant.

Fig. 46. — Un Sajou brun, espèce de singe de l'Amérique (10 fois plus petit que nature).

Aussi, bien loin de se servir de ses quatre membres seulement pour marcher et courir, il *grimpe* avec une merveilleuse agilité. De chaque extrémité il peut *saisir* et *manier* toute sorte d'objets. Sans être aussi agile, l'*écureuil* peut encore employer ses deux membres antérieurs pour tenir pendant qu'il mange les fruits dont il se nourrit ; ses quatre membres lui servent à grimper.

La *taupe* fouille la terre avec ses membres de devant, tandis qu'elle marche avec ceux de derrière dans les galeries qu'elle se creuse. Le *chat* porte à chacune de ses quatre extrémités des griffes aiguisées et pointues, qu'il emploie comme des armes redoutables.

Les *chauves-souris* sont de petits mammifères conformés pour voler comme des oiseaux. Leurs bras sont devenus des ailes à cause d'une peau qui s'étend depuis les flancs jusque sur les doigts de la main, qui sont minces et fort allongés.

Fig. 47. — Un Écureuil (6 fois plus petit que nature).

74. — Le régime alimentaire varie selon la conformation. — Du reste, la conformation des membres correspond aux habitudes de l'animal et à la manière dont il se nourrit. Le *régime* des *Mammifères* est très varié. Il en est qui vivent de *chair*; ils ont pour proie, soit d'autres mammifères, soit des oiseaux, des reptiles ou même des poissons.

Fig. 48. — Une Taupe; mammifère qui vit sous terre où il se creuse des galeries (5 fois plus petite que nature.)

On leur donne le nom de *carnassiers* ou *carnivores*, qui signifie : animaux *dévorant de la chair*. Quelquefois on désigne par le mot *piscivores*, ceux qui se nourrissent spécialement de *poissons*. D'autres espèces cherchent exclusivement les insectes; on leur applique la dénomination d'*insectivores*. Tels sont la *taupe* et le *hérisson*.

Fig. 49. — Une Chauve-Souris vespertilion; exemple d'un mammifère volant (5 fois plus petite que nature).

Beaucoup d'espèces de mammifères ont pour aliments diverses parties des plantes. Les uns, comme les *loirs*, les *écureuils*, les *campagnols*, vivent de *fruits* ou de *graines*. On leur donne le nom de *frugivores*, qui signifie *dévorant les récoltes* des plantes. D'autres se nourrissent d'*herbes*, de *jeunes bourgeons* et de *feuilles* encore tendres : ce sont les mammifères *herbivores*. Les bestiaux de nos fermes rentrent dans cette catégorie.

Enfin il est certains mammifères qui mêlent dans leur régime les *matières végétales* avec les *matières animales*. Ils mangent de tout en quelque sorte et, à cause de cela, on leur applique le nom d'*omnivores* (qui mange de tout). Le *cochon* de nos basses-cours en est un exemple bien connu.

75. — Les singes sont les animaux les plus semblables à l'homme, mais les moins disposés à vivre près de lui. — Les *Mammifères* qui ressemblent le plus à l'homme sont les *singes*. Leur ressemblance avec nous n'est pas complète ; ce sont plutôt des caricatures de l'homme et, à vrai dire, ils répugnent à un grand nombre de personnes justement à cause de cela. Leur figure grimacière, leur pétulance extrême, leur adresse à saisir les objets avec des *mains*, peu différentes de celles de l'homme, sont autant de traits qui déplaisent en eux. Ajoutons que trop souvent leur caractère fantasque et violent rend leur approche peu sûre. Ils sont plus faits pour vivre librement dans les forêts que pour s'accoutumer à la vie domestique. Sans cesse gambadant au milieu des branches d'arbres, vivant de fruits et de parties tendres et succulentes des plantes, ils disparaissent assez vite des pays où les hommes deviennent nombreux. Il en existe quelques espèces dont la taille atteint presque celle de l'espèce humaine.

76. — Les animaux familiers de nos maisons; le chien. — Vous savez tous quel est, parmi les animaux, le *meilleur ami de l'homme.* C'est le *chien ;* c'est ce compagnon de nos travaux, de nos plaisirs, et même de nos peines : *chien de berger*, fidèle gardien de nos troupeaux; *chien de garde*, vigilant défenseur de notre logis ; *chien de chasse*, compagnon de nos fatigues et même de nos dangers ; *chien de luxe* ou *d'appartement*, se complaisant au foyer, se conformant à nos habitudes. Dans des emplois si divers, le *chien* se montre toujours aimant, sensible aux caresses, et même aux reproches, courageux et dévoué, intelligent et docile dès que l'on veut bien s'occuper de lui et le traiter avec douceur. Par un singulier rapprochement, cet ami de l'homme tient de très près du *loup* et du *renard : le loup !* cette terreur de nos campagnes, dont les mères font volontiers peur à leurs petits enfants ; le *renard !* ce rusé fureteur de nos poulaillers et de nos réserves de gibier à plume. Le *chien* est, comme eux, une bête *carnivore* ; mais il se civilise auprès de l'homme et devient un animal tout

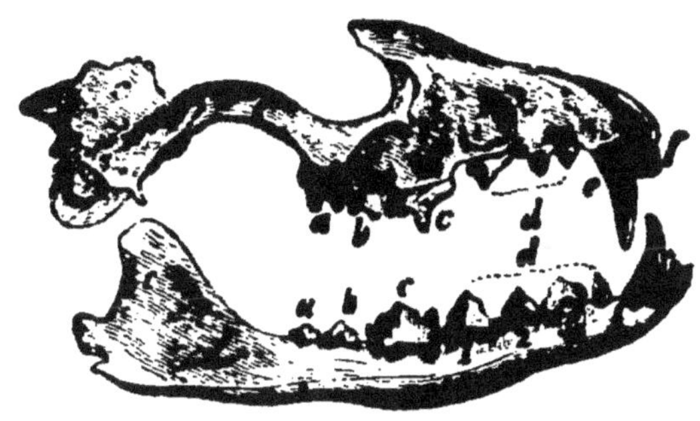

Fig. 50. — Os des mâchoires du Chien, pour montrer les dents du côté droit. — *a b c*, les grosses dents molaires. — *d*, les petites molaires. — *f*, les dents incisives. — *e*, les crocs ou dents canines (moitié de la grandeur naturelle).

nouveau, selon les désirs et les habitudes de son maître. Il garde néanmoins les fortes mâchoires du carnassier, et dès qu'il retrousse les lèvres, il montre aux assaillants *quatre crocs* menaçants dont sa gueule est armée. Ses autres *dents* sont presque toutes *tranchantes* (voyez la figure 50).

77. — Le chat. — Le *chat* est d'un autre naturel : plus caressant que le chien, mais armé de *griffes* qui rendent quelquefois ses caresses sanglantes, il est, en somme, plus attaché encore au logis qu'à son maître. Il n'est d'ailleurs pas disposé à nous rendre des services comparables à ceux du chien. Nous utilisons seulement ses appetits pour les petits animaux ; nous ne lui demandons que de faire la guerre aux *souris* et aux *rats*. Indépendant dans toutes ses allures, il aime à passer les nuits hors du logis. Chasseur nocturne, il garde, jusqu'au milieu de nos villes, les habitudes de maraudage qui lui sont naturelles. C'est une *bête féroce* dont la petite taille rend les violences peu dangereuses pour nous ; mais c'est au fond le proche parent du *lion*, du *tigre* et de la *panthère*. Comme eux il aime la chair saignante et même il prend plaisir aux souffrances de ses victimes. Ses mâchoires sont encore mieux armées que celles du *chien* ; à proportion de la taille, elles sont plus vigoureuses ; puis tout le corps est d'une souplesse et d'une agilité merveilleuses. Enfin tous les doigts sont pourvus de *griffes* que l'animal tient, en marchant, à l'abri de toute usure. Aussi restent-elles *toujours pointues* et *tranchantes* ; elles se *dressent* dès que le chat étend la patte pour s'attaquer à quelque proie, et elles s'y enfoncent profondément. Pour compléter tant de moyens de nuire, le chat n'a qu'à lécher la viande pour en faire jaillir le sang. Sa *langue* est munie d'*épines cornées* qui s'enfoncent dans la chair, même lorsqu'il veut flatter ceux qu'il aime.

Fig. 51. — Un Tigre, grand chat de l'Asie équatoriale (hauteur : 1", 20).

78. — Nos quadrupèdes de basse-cour. — Deux mammifères ont leur place marquée, près de la maison, dans la basse-cour où pullulent les volailles : ce sont le *cochon* ou *porc*, et le *lapin*. Qui reconnaîtrait dans le *porc* le farouche *sanglier* de nos forêts ? Une domesticité qui n'a pour but que de nous procurer sa chair et son lard, l'a réduit à cet état d'abaissement. Les redoutables crocs ou *défenses* du *sanglier* ont disparu ; la *hure* a perdu sa force prodigieuse ; le corps s'est allongé et alourdi ; c'est essentiellement une bête à l'engrais. Ne vous y fiez pas cependant ; le son et les *pommes de terre* ne tentent pas seuls son appétit glouton ; la *chair* des jeunes animaux et même celle des enfants l'affriandent ; plus d'un enfant de fermier en a fait la cruelle expérience. Le *sanglier* est *omnivore* et le *porc* a conservé le goût de ce régime varié.

Quant au *lapin*, c'est une bête peureuse et inoffensive. Il se nourrit d'*herbes* et de *feuilles* ; c'est un *herbivore rongeur*. Les *dents* coupantes qu'il a sur le devant de la bouche ne lui servent pas pour mordre ; dans l'état de liberté, il n'oppose à ses ennemis que la rapidité de sa course et les ruses destinées à faire perdre sa trace. Dans les boîtes à lapins de nos basses-cours, cet agile coureur devient forcément sédentaire; ce qui le fait rechercher, c'est sa grande fécondité. En une même saison, le lapin donne trois ou quatre portées, et chaque portée se compose de six ou huit petits.

79. — Le bétail de nos fermes; les bêtes à cornes. — Ce sont encore des mammifères herbivores que nous élevons dans nos fermes. La plus grande espèce est le *bœuf*; la femelle se nomme la *vache*, et le mâle porte le nom de *taureau* Ce sont de grands animaux, lourds de formes, chargés de viande, avec des jambes assez courtes. L'encolure est large et vigoureuse, de façon à donner une grande énergie aux mouvements de la tête. Là sont les armes de l'animal, les *cornes*, qu'il oppose obstinément à tout ce qui l'inquiète. En relevant la tête, le *bœuf* enlève avec une force prodigieuse tout ce que ses *cornes* ont frappé. C'est là qu'est sa grande force; aussi c'est là qu'on attache le joug au moyen duquel il tire pour traîner les fardeaux. Les *bœufs* travaillent ainsi par paires; souvent on les met à la charrue, et ce sont de merveilleuses bêtes de somme, partout où l'on a besoin d'un travail dur, continu, mais peu rapide. Lorsque le *bœuf* a travaillé ainsi cinq ou six ans, on l'*engraisse* pour la boucherie. Sa viande est d'une importance exceptionnelle dans l'alimentation des hommes. C'est de l'*herbe transformée en chair*; nos agriculteurs fabriquent ainsi, avec l'*herbe de leurs prairies*, la *viande* que nous consommons. La *vache* nous fournit le lait. Au voisinage des grandes villes, le *lait* se vend à mesure qu'il se produit; mais dans les campagnes on le convertit en *beurre* et en *fromage*. Le *veau* joue aussi un rôle important dans la boucherie. Une partie considérable des *veaux* qui naissent chaque année dans les étables sont vendus et tués avant de devenir adultes. Les *bêtes à cornes* entretenues dans les fermes y produisent du *fumier* qui sert à *engraisser* la terre. C'est la *litière* mise chaque jour sous les animaux et qui a reçu leur *fiente* et leur *urine*. Ces *litières* sont de *paille* ou d'*herbes sèches*.

80. — Les bêtes à laine. — Les *moutons* logent dans nos fermes à côté des étables qui abritent les *bêtes à cornes*. A la rigueur, ce sont aussi des bêtes à cornes, car naturellement cette espèce porte sur le front une paire de *cornes* qui s'enroule autour de l'oreille. Beaucoup de races de *moutons* domestiques en sont cependant dépourvues ;

mais les *béliers* en portent toujours. Le produit essentiel des troupeaux de moutons est la *laine*. Ni la taille, ni la force de cet animal ne permettent d'en tirer aucun travail. On l'élève pour fournir leur matière première aux filatures et aux manufactures de tissage. Tous nos vêtements de *laine* ont cette origine, et cela explique l'importance extrême des *moutons* dans nos cultures. Mais la viande de ces animaux sert aussi à la boucherie. Après le *bœuf* et le *veau* elle vient prendre rang. Il y a même certaines races spécialement élevées dans ce but. Comme les *bœufs*, les *bêtes à laine* donnent de l'engrais pour les terres. Quant au *lait des brebis*, il est parfois employé pour fabriquer des fromages. Le plus célèbre d'entre eux est le fameux *fromage de Roquefort* (France-Aveyron).

81. — Le cheval. — Voici, sans contredit, le plus beau et l'un des plus précieux parmi les animaux mammifères. *Le cheval se* présente sous son plus noble aspect, lorsque, frémissant de force contenue et d'agilité disciplinée, il porte sur son dos un cavalier habile à le faire obéir. Un lien mystérieux unit l'homme à sa monture. L'animal est le maître de la vie de son cavalier; mais celui-ci, à l'aide du *mors* et de l'*éperon*, le

Fig. 54. — Un Cheval au pâturage (hauteur, sur le dos : 1ᵐ, 56).

dompte au besoin par la douleur. D'ailleurs la noble bête est intelligente et sensible aux bons traitements. Elle aime le maître qui sait la conduire sans la tourmenter et en lui épargnant la fatigue. Il l'aime à tel point qu'il ne craint pas d'user ses forces pour lui, de se donner tout entier aux fatigues de la *chasse* ou aux dangers de la *guerre*. Le cheval de *guerre* semble partager les passions de son cavalier ; le choc des combattants l'enivre aussi bien que les soldats, et cet animal si ombrageux s'élance sans hésiter au bruit du clairon, de la fusillade et de l'artillerie.

Le *cheval* est encore un brillant animal lorsqu'il entraine dans sa course nos *voitures légères*. Enfin, plus modeste mais non moins utile, il traine aussi ces lourds chariots qui portent nos pierres de construction, nos pesantes machines et mille autres fardeaux.

Les quatre *pieds* du *cheval* sont formés chacun d'un seul doigt ; aussi chaque extrémité se termine-t-elle par *un sabot unique* (fig. 53), tandis que chez le *porc*, le *bœuf* (fig. 54) et le *mouton*, le pied se compose de *deux sabots*. Ils ont le *pied fourchu*, c'est-à-dire formé de *deux doigts*. Le *cheval*

Fig. 53. — Extrémité d'une jambe de devant du Cheval (20 fois plus petite que nature).

Fig. 54. — Extrémité d'une jambe de devant du Bœuf (30 fois plus petite que nature).

se nourrit d'*herbe fraiche* ou *séchée* et de *grains d'avoine* ou d'*orge* Il a sur le devant de la *bouche* de fortes *dents* avec lesquelles il fait parfois de cruelles morsures ; il se défend par des *ruades*, c'est-à-dire en frappant de ses pieds de derrière.

L'âne est un animal très voisin du *cheval*, mais plus petit, moins fort et d'allures beaucoup moins vives. La longueur démesurée de ses oreilles lui ôte toute élégance et son caractère obstiné le rend parfois dangereux. Mais il est patient, courageux, sobre, et il a le pied plus sûr dans les chemins escarpés.

82. — Les gibiers. — Plusieurs mammifères vivant à l'état sauvage sont recherchés à cause de leur viande savoureuse Ils constituent ce que l'on appelle le *gibier à poil*. Selon leur taille et leurs moyens de défense, ils donnent lieu à des chasses plus ou moins savantes, plus ou moins difficiles. Le *lièvre* et le *lapin* se chassent à pied, tantôt avec le secours d'un petit nombre de *chiens*, tantôt avec une *meule de chiens* bas sur pattes qui peuvent facilement se glisser sous les taillis. Le *chevreuil* et le *cerf* sont des gibiers de grande chasse; il faut que les chasseurs les suivent à cheval; il faut plusieurs relais de *chiens de meule* bons coureurs et capables au besoin de se défendre contre la bête. Celle-ci cherche son salut dans une fuite rapide, longtemps soutenue et fertile en ruses pour dépister les *chiens*. La

Fig. 55. — Un Lièvre (longueur du museau à la queue : 0m,50).

chasse au *cerf* est un art compliqué reposant sur de très vieilles traditions. Elle exige du chasseur un corps rompu à la fatigue et aux intempéries des saisons, une grande habitude du cheval, beaucoup de promptitude d'esprit et de coup d'œil pour suivre et retrouver, dans les détours de la forêt, la bête poursuivie, les chiens plus ou moins dispersés et les piqueurs qui les dirigent.

83. — Les bêtes nuisibles. — Les contrées

Fig. 56. — Un Chevreuil (hauteur sur le dos : 0m,80).

qui, comme la France, ont une population très serrée, sont en général exemptes de mammifères nuisibles. Cependant les *loups* et les *sangliers* sont encore assez nombreux chez nous pour qu'il faille s'occuper de les détruire. Il ne se passe pas d'hiver un peu rigoureux sans que, dans les régions montagneuses et boisées de la France, les *loups* ne signalent leur présence par des maraudages effrontés et même par des attaques contre les habitants. Les temps de neige leur enlèvent leurs ressources habituelles ; la faim les presse ; ils sortent des bois en quête de quelque butin ;

ils se réunissent par bandes et deviennent alors dangereux pour les voyageurs attardés dans la nuit où égarés
sur des routes solitaires.

Le *sanglier*, avec ses habitudes de fouir la terre pour y

FIG. 57. — Un Loup (hauteur sur le
dos : 0ᵐ,55).

FIG. 58. — Un Sanglier (hauteur : 0ᵐ,65).

chercher les racines et les tubercules, fait plus de mal à
nos récoltes qu'il n'inspire
de crainte. Néanmoins la
chasse au *sanglier* a des
dangers réels, non seule-
ment pour les *meutes de
chiens*, mais aussi pour les
chasseurs.

Il faut encore parler du
renard et même du *lapin*.
Mais le renard n'est redou-

FIG. 59. — Un Renard (hauteur 0ᵐ,35).

table que pour nos *poulail-
lers* et nos *garennes*. Il n'est pas d'ailleurs le seul ennemi
qu'ils aient à craindre.
Les *putois*, les *martres*,
les *fouines*, les *belettes* y
font de bien plus grands
dégâts.

Quant au *lapin*, ce
qu'on lui reproche, ce
n'est pas seulement de
dévorer des *feuilles* et

des *herbes*, mais c'est

FIG. 60. — Une Martre ordinaire (10 fois moindre que nature).

aussi de bouleverser la
terre en creusant ses *terriers*, et surtout de pulluler d'une
façon désespérante.

D'autres pays possèdent dans leurs déserts, leurs forêts

Fig. 61. — Un Lion (hauteur : 1^m,25).

sauvages ou leurs halliers presque impénétrables, des

Fig. 62. — Un Éléphant d'Afrique (hauteur : 2^m,80).

bêtes autrement redoutables. En Afrique et en Asie, les

hommes ont à lutter contre le *lion*, le *tigre*, le *panthère*, grands et robustes carnassiers qui vendent chèrement leur vie et dont le voisinage est un fléau indispensable à combattre. Mais ce n'est pas tout : certains animaux de

Fig. 63. — Un Rhinocéros à une seule corne (hauteur : 1^m,25).

ces contrées, bien que se nourrissant de matières végétales atteignent une taille qui les rend non moins terribles. C'est l'*éléphant*, vrai géant du règne animal, dont la trompe unit à une adresse merveilleuse une vigueur irrésistible ; c'est le *rhinocéros* (*nez à corne*) cuirassé d'une peau épaisse comme la plus solide armure, et dont le nez est surmonté d'une longue et robuste corne; c'est l'*hippopotame* (*cheval de fleuve*), dont la gueule monstrueuse est armée sur le devant de douze énormes dents. L'*éléphant* et l'*hippopotame* donnent lieu, en Afrique, à une chasse

FIG. 64. — Un Hippopotame (hauteur : 0ᵐ,80).

active, car l'ivoire de leurs dents est très recherché dans l'industrie et dans les arts.

84. — Les parasites de nos habitations. — Deux ou trois espèces de petits mammifères rongeurs vivent communément dans nos demeures aux dépens des diverses denrées que nous y conservons ; ils s'attaquent même au linge. Le plus petit est la *souris*, dont le corps, la queue non comprise, n'a guère que huit centimètres de longueur. Elle est grise et d'un aspect assez gracieux. On trouve assez souvent des *souris* entièrement blanches avec les yeux rouges. Deux sortes de *rats* ont pareillement élu domicile dans nos magasins, nos caves et nos égouts : le *rat* noir et le *surmulot*, qu'on appelle parfois *rat rouge*. Tous

FIG. 65. — Un Rat noir (5 fois plus petit que nature).

deux sont beaucoup plus gros que la *souris*; le *surmulot* a près de vingt centimètres de longueur de corps, sans compter la queue; le *rat noir* est un peu plus petit. Ces animaux ont de fortes mâchoires armées sur le devant de quatre dents solides et taillées en pointes; aussi font-ils des morsures profondes et douloureuses. Déjà les chats domestiques luttent avec peine contre le *rat;* mais, quant au *surmulot*, la lutte n'est possible que pour quelques chats de forte taille; encore l'issue en est-elle fort incertaine. On est obligé d'employer des chiens d'une race spéciale que l'on appelle des *terriers*. La prodigieuse fécondité des *surmulots* les rend tout à fait redoutables. Ils se multiplient tellement lorsqu'ils rencontrent des circonstances favorables, qu'en creusant la terre pour y faire des trous, ils ébranlent les fondations des édifices et menacent de les faire écrouler. On en a vu plusieurs exemples dans certains établissements de Paris.

RÉSUMÉ DU CHAPITRE VII.

69. — Les Mammifères nourrissent leurs petits, durant le premier âge, avec le lait que fournissent les mamelles de la mère. — Le lait est formé d'eau contenant du caséum ou fromage, du sucre de lait et du beurre. — Les Mammifères sont les seuls animaux qui allaitent leurs petits.

70. — Ils respirent par deux poumons placés dans la poitrine; c'est la même organisation que chez l'homme. — L'air pénètre par les narines et la bouche. — Leur sang se maintient toujours au même degré de chaleur : c'est pourquoi l'on dit qu'ils ont le sang chaud.

71. — Leur corps est presque toujours couvert de poils, qui sont de deux sortes : le poil soyeux et le poil laineux.

72. — Les Mammifères ont quatre membres, sauf les baleines et les autres cétacés, qui n'en ont que deux.

73. — Les extrémités des membres varient selon le genre de vie de l'animal. — Les singes, qui grimpent dans les arbres, ont des mains aux quatre extrémités. — Les mammifères marcheurs ou coureurs ont les quatre extrémités semblables et impropres à saisir. — Il existe des mammifères faits pour creuser la terre; d'autres sont faits pour voler dans les airs.

74. — Ceux qui se nourrissent de chair s'appellent des carnivores; s'ils mangent des poissons, ils sont piscivores. — Les insectivores sont ceux qui vivent d'insectes. — On nomme frugivores ceux qui subsistent de fruits et de graines; les herbivores paissent l'herbe ou les feuilles. — On désigne sous le nom d'omnivores ceux qui empruntent indifféremment leur nourriture aux animaux ou aux plantes.

75. — Les mammifères qui ressemblent le plus à l'homme sont les singes, spéciaux aux contrées chaudes du globe ; ils se nourrissent de fruits.

76. — Le chien est un des premiers de nos animaux domestiques ; il garde les troupeaux, il veille à la maison ; il chasse avec l'homme. — Carnassier comme le loup et le renard, il a   gueule armée de deux paires de crocs et de dents tranchantes.

77. — Le chat ne nous rend de services qu'en détruisant, pour se nourrir, les rats et les souris. — Il ressemble, en petit, au lion et au tigre : il en a les crocs, les griffes, la souplesse et l'agilité.

78. — Le porc descend du sanglier ; son régime omnivore le rend parfois dangereux pour les petits animaux ou les tout jeunes enfants. — On l'élève dans les basses-cours pour sa viande et pour son lard. — Le lapin, qui ne vit que d'herbe et de feuilles, est entretenu dans nos basses-cours comme une sorte de gibier domestique.

79. — Le bœuf travaille dans nos fermes à tirer la charrue ou de lourds chariots ; puis on l'engraisse pour la boucherie. — Le veau a souvent la même destination. — La vache nous donne du lait que l'on peut convertir en beurre ou en fromage.

80. — Le mouton nous fournit la laine ; sa viande figure aussi à la boucherie. — Le lait des brebis est employé pour faire certains fromages.

81. — Le cheval sert de monture à la chasse comme à la guerre. — On l'attelle aux voitures légères aussi bien qu'aux lourdes charrettes. — Il a les quatre extrémités terminées chacune par un seul sabot. — Il se nourrit d'herbe et de grains. — L'Âne, conformé comme le cheval, est une bête de somme sobre, patiente et courageuse.

82. — Les gibiers ordinaires, parmi les Mammifères, sont : le lièvre, le lapin, le chevreuil et le cerf ; la chasse est un art spécial où se forment de bons tireurs, de solides cavaliers et des hommes durs à la fatigue.

83. — Les bêtes nuisibles de la France, parmi les Mammifères, sont : les loups que, dans la saison rigoureuse, l'homme même doit redouter ; les sangliers, dont les dégâts sont assez considérables pour qu'il faille les détruire ; les renards, les putois, les martes, les fouines, les belettes et même les lapins à cause de leurs terriers et de leur grande fécondité. — Le lion, le tigre, la panthère, l'éléphant, le rhinocéros, l'hippopotame sont des animaux dangereux de diverses contrées exotiques.

84. — Les mammifères parasites de nos maisons sont : la souris, le rat et le surmulot ; celui-ci devient fort incommode à cause de sa taille et de sa rapide multiplication.

QUESTIONNAIRE.

69° Comment les Mammifères élèvent-ils leurs petits dans le premier âge ? — Que contient le lait ? — 70° Comment respirent les Mammifères ? — Que signifie l'expression : ils ont le sang chaud ? — 71° Comment leur corps est-il couvert ? — 72° Combien ont-ils de membres ? — Les cétacés font-ils exception ? — 73° Quelles conformations présentent les extrémités des membres des Mammifères ? Citez des exemples. — 74° Quels sont les divers genres de nourriture des Mammifères ? Citez des exemples et les noms que prennent les différents mammifères d'après les aliments dont ils vivent. — 75° Quels sont les mammifères qui ressemblent le plus à l'homme ? Les décrire. — 76° à 81° Quels sont les mammifères domestiques les plus importants ? — Indiquer les services que nous tirons de chacun d'eux. — Dire comment ils se nourrissent. — 82° Quels sont les principaux gibiers à poil ? — 83° Quels sont les principaux mammifères nuisibles de notre pays ? Décrire leurs habitudes. — 84° Quels sont, en particulier, ceux qui vivent en parasites dans nos maisons ? — Qu'appelle-t-on rat noir et surmulot ?

CHAPITRE VIII.

LES OISEAUX.

85. — La ponte et la couvaison. — La seconde classe des Vertébrés est celle des Oiseaux. Ceux-ci pondent des œufs, les couvent pour les faire éclore et nourrissent les petits qui en sont sortis. Pour cela ils recherchent les petits animaux, les insectes, les vers, ou les fruits, les graines dont les petits ont besoin. Les mères ne produisent pas de lait, car elles n'ont pas de mamelles. L'œuf est enveloppé d'une coque résistante; il contient deux parties, le jaune et le *blanc*, que l'on peut voir sans peine en cassant un œuf de poule. Sur le jaune se développe le *petit oiseau*.

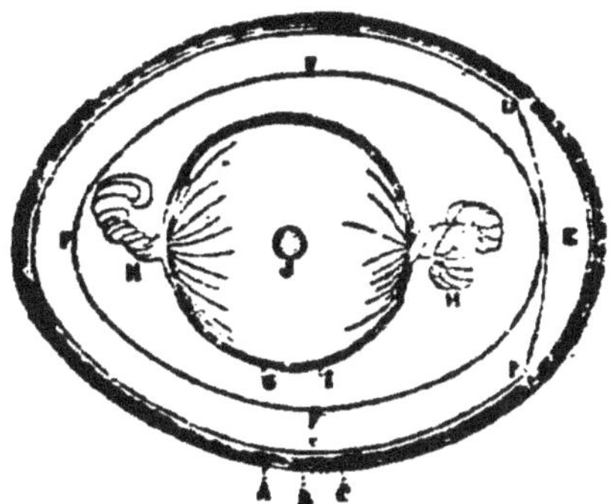

Fig. 66. — Conformation intérieure d'un œuf de poule.—ABC, la coque de l'œuf avec ses deux pellicules ; — Gi, le jaune de l'œuf ; — HFD, le blanc ; — E, la chambre à air.

Pendant que la mère *couve*, le petit être enfermé dans l'œu se nourrit du *jaune* et du *blanc* ; il respire à travers la coquille de l'œuf. Au bout d'un certain nombre de jours, variable selon les espèces, le petit oiseau a consommé toute sa nourriture ; il brise alors avec son bec la coquille où il est à l'étroit : c'est l'*éclosion*.

86. — Les nids. — La *couvaison* ou *incubation* et l'éducation des petits occupent chaque année un temps considérable dans la vie des oiseaux. Il a fallu auparavant construire le *nid*. C'est souvent un travail compliqué; souvent il faut pour cela réunir des matériaux difficiles à trouver. Beaucoup de nids, comme ceux des fauvettes, des bruants, des roitelets, des merles, des pinsons, des loriots, ont la forme d'une coupe ou d'une corbeille ronde. Quelques-uns, comme ceux des *mésanges,* sont disposés en bourse ou en poche globuleuse. D'autres, comme celui de la *rousserolle,* sont attachés à des roseaux au-dessus de l'eau des marais, ou sont cachés au milieu d'une touffe de jonc, ou bien encore dans quelque fourré d'arbrisseaux. La charpente des nids est formée de tiges flexibles, de menues branches, de pailles diverses. L'oiseau maçonne l'édifice avec de la terre argileuse qu'il gâche en l'humectant de salive. L'intérieur est le plus souvent garni des matières les plus molles et les plus chaudes, de poils de petits mammifères, de laine, de duvet d'oiseau, de filaments cotonneux de diverses plantes et même de nombreux fils d'araignée. Les oiseaux de grande taille sont loin de construire aussi habilement leurs nids que les petits oiseaux. Déjà les *pics*, les *corbeaux* ne préparent pour déposer leurs œufs qu'un amas de branchages au faite de quelque grand arbre. L'aire ou nid des gros oiseaux de proie est plus rustique encore ; c'est un vaste lit de branches enlacées ou cimentées ensemble, reposant soit sur la cime de quelque arbre de haute taille, soit sur quelque roche plate, dans les escarpements des montagnes.

Quand le nid est prêt, la femelle y pond ses œufs. Les petits oiseaux en ont un grand nombre ; beaucoup de gros oiseaux n'en ont que deux. Ensuite vient la couvaison ; la femelle, obstinément couchée sur les œufs, pendant quelques semaines, leur communique la chaleur nécessaire pour que les petits s'y développent ; enfin ils éclosent ! Grands soucis et grandes peines encore ! Les parents ont à les nourrir et à les défendre contre de nombreux ennemis trop friands d'une proie si tendre. Au prix de tant de soins ils ont grandi : les parents leur enseignent à se soulever et à se tenir sur leurs pattes, à essayer les premiers pas, à trouver de quoi manger, à étendre les ailes et à voler. Que de temps et que de travaux! C'est une œuvre maternelle qu'il faut scrupuleusement respecter et qu'il est bien intéressant d'observer.

87. — Les plumes. — Les oiseaux sont couverts d'un *plumage* qui tient leur corps très chaud. La *plume* est une sorte de poil ramifié, car elle se compose d'une tige portant des barbes de chaque côté. Sous les plumes on trouve, chez beaucoup d'oiseaux, un duvet qui est aussi léger qu'il est bon pour conserver la chaleur du corps. Les oiseaux d'eau en sont surtout pourvus. Le plumage est souvent remarquable par l'éclat de ses couleurs. Dans les pays chauds surtout, abondent les oiseaux peints de nuances variées et brillantes ; mais chez nous même on peut citer : le *martin-pêcheur* avec son manteau bleu et son ventre d'un roux ardent ; le *loriot* avec sa livrée jaune et noire ; la *mésange bleue* si mignonne et si gracieusement parée ; le *chardonneret*, le *rouge-gorge*, la *lavandière* ou *hochequeue*, le *pic-vert*, le *geai*, la *tourterelle*, le *pigeon ramier*, et d'autres encore.

Fig. 67. — Squelette de l'aile d'un oiseau. — A. tête de la clavicule. — B. omoplate. — C. humérus. — E. radius. — FF. carpe ou poignet. — G. pouce incomplètement développé. — H. deux os du métacarpe. — II. deux doigts incomplets — D, cubitus.

88 — Les ailes. — De tous les animaux, ceux qui sont le mieux conformés pour le vol sont les oiseaux; ce sont véritablement les habitants de l'air. Tout leur corps est disposé dans ce but; il est ramassé avec un cou long et flexible, que termine une tête en pointe, propre à fendre l'air pendant le vol. Les bras sont transformés en ailes, et la queue, qui est fort courte, porte des plumes qui servent, en quelque sorte, de gouvernail pendant que l'oiseau navigue dans les airs. Mais l'instrument le plus curieux à étudier est l'aile. Si vous voulez examiner une aile de poulet vous y reconnaîtrez d'abord sans peine le bras et l'avant-bras (fig. 67). Cela vous sera surtout facile si l'animal a été plumé. Le bras est soutenu par un os unique, l'avant-bras par deux os parallèles ; tout cela est exactement la conformation de l'homme. Mais ce qui est tout particulier, c'est la main que souvent on nomme bout de l'aile. C'est une troisième partie inflexible, aplatie et étroite, un véritable moignon que l'on peut regarder comme une main mal développée. Ce membre ainsi modifié est uniquement destiné à porter sur son bord inférieur les grandes plumes qui constituent l'aile (fig. 68). Au

Fig. 68 — Une aile d'oiseau à demi déployée. B. le bras. — A. l'avant-bras. — M. la main.

bras elles sont modérément longues ; à l'avant-bras, elles le sont beaucoup plus ; les plus longues sont celles que porte le bout d'aile, c'est-à-dire la main. Celles-ci forment une vaste rame avec laquelle l'oiseau frappe l'air pour s'y élever

Fig. 69. — Une Alouette des champs, oiseau marcheur (4 fois moindre que nature).

Fig. 70. — Un Coucou ; exemple d'un oiseau dont la patte peut prendre (3 fois plus petit que nature).

à son gré Après chaque coup d'aile, il retire à lui ses deux bras, les ramassant de chaque côté du corps et se laissant aller à l'élan qu'il vient de se donner ; puis, redressant son aile et l'étendant en même temps, il frappe l'air en l'abaissant et donne à tout son corps une impulsion nouvelle.

89. — Les pattes. — Les membres supérieurs de l'oiseau

étant exclusivement consacrés au vol, il ne lui reste, pour se percher sur les branches ou marcher sur le sol, qu'une seule paire de membres. L'oiseau est donc bipède ainsi que l'homme. Par une exception singulière, les pattes de ce bipède tout couvert de plumes, en sont habituellement dépourvues. Une peau rugueuse et sèche les recouvre. L'extrémité se compose le plus communément de quatre doigts, dont trois dirigés en avant et un seul en arrière. Telle est du moins la conformation des pattes chez la *poule* et chez un grand nombre d'oiseaux que vous pourrez voir. Chez le *coucou*, le *torcol*, le *pic-vert* et les autres *pics* de notre pays, la disposition est autre : on leur trouve deux

Fig. 71. — Un Perroquet cendré ou Jaco ; autre exemple d'oiseau dont la patte peut prendre (10 fois plus petit que nature).

Fig. 72. — Une Mouette rieuse ; exemple d'un oiseau à pieds palmés (12 fois plus petite que nature).

doigts en avant et deux en arrière. Leur patte est, à cause de cela, très habile à saisir, ce qui leur permet de grimper le long des arbres avec agilité. La même conformation se retrouve chez tous les *perroquets* et *perruches*. Chez les oiseaux d'eau, pour que la patte serve au besoin à nager, il existe entre les doigts une peau commune qui les réunit ; on appelle cela des *pieds palmés*. Il est facile d'observer cette disposition chez les *oies* et les *canards* de nos basses-cours.

90. — La respiration chez les oiseaux. — Habitants de l'air et menant une vie extrêmement active, les oiseaux respirent une grande quantité d'air. Ils ont deux *poumons* comme les mammifères, et leur *sang* est encore plus *chaud*. Le plumage conserve bien mieux que le poil, la chaleur du corps.

91. — Le bec. — La tête des oiseaux a une forme toute particulière. La face est petite par rapport au crâne, et elle se prolonge en une pointe que termine le *bec*. Il y a là une conformation spéciale de la bouche très différente de ce que l'on voit chez les mammifères. Les mâchoires des oiseaux sont absolument dépourvues de dents ; mais, par compensation, leurs bords sont recou-

Fig. 73. — Une tête d'Aigle ; exemple d'un bec robuste et crochu d'oiseau de proie (5 fois plus petit que nature).

verts d'une enveloppe cornée qui constitue le bec. Tout le monde connaît de reste le bec des oiseaux. On donne aux deux parties du bec le nom de *mandibules* ; la mandibule supérieure est plus grande et plus forte que l'inférieure ; mais d'ailleurs le bec offre des formes et des dimensions très variées. Celui des oiseaux de proie, qui se repaissent de chair, est robuste, crochu vers l'extrémité,

tranchant et acéré. C'est ce qu'on peut voir chez la *crécerelle*, l'*épervier*, l'*autour*, le *faucon*, l'*aigle* et le *vautour*. La plupart des oiseaux chanteurs, tels que le *rossignol* et les *fauvettes*, ont le bec fin et délicat. Il est très long chez les oiseaux pêcheurs, comme les *cigognes* ; il a enfin une disposition toute spéciale chez les *canards* et les *oies* ; élargi et arrondi vers le bout, il leur sert à tamiser sur ses bords la vase des ruisseaux pour en extraire les vers de tout genre qu'elle renferme.

92. — Les voyages des oiseaux. — Qui de vous ne voyagerait, s'il avait des ailes ? Aussi ne serez-vous pas surpris que beaucoup d'espèces d'oiseaux aient des habitudes régulièrement nomades. Les uns, comme les *hirondelles*, les *rossignols*, les *fauvettes*, les *cigognes*, habitent nos climats depuis le printemps jusqu'à l'automne ; mais ils émigrent vers le midi pour y passer l'hiver. Comme ils vivent d'insectes, il est probable qu'ils vont chercher des climats plus doux afin d'y trouver encore leur nourriture habituelle. D'autres, comme les *grues*, les *canards sauvages*, semblent chercher le printemps de pays en pays. A la fin de l'hiver, ils arrivent chez nous pour deux mois environ ; avant les premiers jours de l'été, ils se dirigent vers le nord, et nous les perdons de vue pour trois ou quatre mois. Mais à l'automne ils repassent en France et dès les premiers froids ils redescendent vers le midi. Il en est d'autres qui passent dans le nord tout le temps de notre belle saison, y font leur ponte et reviennent en France prendre leurs quartiers d'hiver.

Ces voyages périodiques de diverses espèces d'oiseaux ont reçu le nom de *migrations*; les espèces qui se font remarquer par ces habitudes voyageuses sont désignées sous le nom d'*oiseaux de passage*.

93. — Le vol. — Il y a beaucoup de différences dans la manière de voler des divers oiseaux. En général, ceux qui volent le mieux ont une aile vaste qui s'étend loin du corps lorsque l'oiseau frappe l'air. Les oiseaux de proie et les oiseaux de haute mer sont remarquables par la puissance de leur vol. Chez eux, l'aile est très longue, pointue du bout et relativement étroite. Chez les oiseaux d'un vol plus lourd, le bout de l'aile est plus arrondi,

Fig. 74. — Un Martinet noir; exemple d'un oiseau volant d'une façon supérieure (5 fois plus petit que nature).

et l'aile elle-même est large par rapport à sa longueur. Certains oiseaux de proie, tels que les *aigles* et les *faucons*, s'élèvent avec une telle rapidité au milieu des airs qu'en un instant leur corps ne paraît plus qu'un point dans l'espace.

94. — Les oiseaux chanteurs. — Tandis que la plupart des animaux vivent silencieux, les oiseaux égaient au contraire la nature par leurs chants. Les espèces les plus petites sont, dans nos pays, celles qui chantent le mieux. Ce ne sont pas d'ailleurs celles qui frappent le plus les yeux par l'éclat de leur plumage. Le roi des oiseaux chanteurs de la France est sans contredit le *rossignol*. Après lui il faut nommer plusieurs de nos *fauvettes*. Aucun de ces petits oiseaux n'est brillamment vêtu. Ils se contentent de couleurs sombres sur le dos, la tête et les ailes; le ventre est beaucoup plus clair, sans être vivement nuancé. Les *merles*, les *alouettes* ne sont pas doués d'un plumage plus éclatant; à peine peut-on citer quelques chanteurs qui, comme le *rouge-gorge*, frappent les yeux par quelques vives couleurs. C'est surtout pendant le printemps et l'été que chantent les oiseaux des bois et des prairies, et principalement le matin ou le soir. Le *rossignol*

Fig. 75. — Un Rossignol, le plus célèbre de nos oiseaux chanteurs (5 fois plus petit que nature).

en particulier aime à faire retentir dans le silence de la nuit ses modulations sonores et variées.

D'autres oiseaux ont un instinct singulier pour redire les airs qu'ils entendent. L'un des mieux doués sous ce rapport est l'*étourneau* ou *sansonnet*. On ne peut regarder comme un chant le langage que font entendre, à l'imitation du nôtre, les *perroquets* et les *perruches*. Les *pies*, les *corbeaux* montrent quelques traces des mêmes instincts. Il est vraiment curieux que, parmi le mammifères, il n'y en ait aucun qui puisse articuler des mots comme le fait un perroquet. Cela tient à la conformation des lèvres et de la langue. Le bec des oiseaux avec ses bords immobiles se prête bien mieux à imiter la parole chez les oiseaux dont la langue est charnue, épaisse et mobile.

95. — Oiseaux de basse-cour. — Parmi nos oiseaux do-

Fig. 76. — Un Coq domestique (10 fois plus petit que nature).

Fig. 77. — Une Poule domestique (10 fois plus petite que nature).

mestiques, le plus connu est le *coq*, avec la *poule* sa femelle. Ils se nourrissent de vermisseaux et de grains, et ils nous donnent deux produits estimés, dont la France fait un commerce considérable : les *poulets* et les *œufs*. Dans certaines contrées de notre pays, l'art d'élever les poulets, de les engraisser et de donner à leur chair un goût savoureux est parvenu à une grande perfection. Le Maine et la Bresse ont à cet égard une grande réputation.

Outre les *coqs*, ou les *poules*, on trouve encore dans la basse-cour le *dindon*, que l'on élève surtout à cause de sa chair et de sa taille bien supérieure à celle des poules. L'*oie* rivalise avec lui pour la grosseur, mais sa chair imprégnée de graisse est bien inférieure à celle du dindon. Telle est la tendance des oiseaux d'eau ; une graisse abondante se dépose sous leur peau, les autres parties du corps s'en chargent très facilement, et il en résulte un goût très fort dont on ne peut les dépouiller. Le *canard*, qui peuple aussi nos basses-cours, est un des oiseaux d'eau qui présentent le moins cet inconvénient.

Fig. 78. — Un Canard (10 fois plus petit que nature).

Non loin de la basse-cour se trouve fréquemment le *pigeonnier* ou *colombier*. C'est là que l'on entretient des bandes de *pigeons domestiques*, moins communément appelés *colombes*. Ce sont des oiseaux presque exclusivement *granivores* : c'est-à-dire qu'ils se nourrissent presque uniquement de grains. Leur chair délicate est recherchée sur nos tables.

Fig. 79. — Un Pigeon ramier (8 fois plus petit que nature).

Les divers oiseaux domestiques dont nous venons de parler appartiennent à trois groupes différents : celui des *gallinacés* a pour type le *coq* et comprend aussi le *dindon*. Leur vol est lourd et peu puissant : ils aiment percher; mais ils marchent avec facilité. Leur bec est faible; souvent la tête est ornée de crêtes vivement colorées. A ce groupe appartient le plus célèbre des oiseaux pour la richesse du plumage, je veux dire le *paon*, que tout le monde admire, mais dont la voix rauque contraste désagréablement avec sa beauté.

Les *pigeons* et les *tourterelles* forment un autre groupe d'oiseaux plus légers, gracieux d'aspect et d'un joli plumage; leur vol, sans être très léger, est rapide et se soutient longtemps.

Quant aux *oies* et aux *canards*, ayant coutume d'aller fréquemment à l'eau, ils ont les pieds palmés et rentrent dans un groupe fort étendu d'oiseaux aquatiques que l'on nomme les *palmipèdes* (*pieds palmés*).

96. — Les gibiers à plumes.— Un oiseau très voisin du *coq*, le *faisan*, est le plus beau gibier à plume de nos bois. On l'y a introduit, car il est originaire de l'Asie; mais les ama-

Fig. 80. — Une Perdrix rouge (8 fois plus petite que nature).

Fig. 81. — Une Bécasse commune (8 fois plus petite que nature).

teurs de chasse ont soin d'en peupler leurs bois réservés. On trouve dans nos forêts de pins et de mélèzes la *gélinotte* ou *poule des coudriers* et le *coq de bouleaux* ou *petit coq de bruyère*, à queue fourchue recourbée de chaque côté; leur chair est excellente; leur taille est un peu moindre que celle du *faisan*. La *perdrix* et la *caille* sont les gibiers habituels de nos plaines. Au marais ou sur les étangs, on chasse les *bécasses*, les *bécassines*, les *bécasseaux de bois* ou de *rivière*, les *courlis*, les *râles*, les *poules d'eau*, les *canards* et les oies *sauvages*.

RÉSUMÉ DU CHAPITRE VIII.

85. — Les oiseaux n'allaitent pas leurs petits ; ils pondent des œufs ou ou ceux-ci éclosent, après la couvaison. — L'œuf contient, sous sa coque, le blanc et le jaune, sur lequel se développe le petit oiseau.

86. — La couvaison ou incubation a lieu dans un nid construit d'avance par les parents ; ce travail est souvent très parfait. — La couvaison dure quelques semaines ; quand les petits sont éclos, les parents leur enseignent à chercher leur nourriture et à voler.

87. — Le plumage des oiseaux conserve la chaleur du corps ; les plumes sont des poils ramifiés ; souvent le plumage porte de brillantes couleurs.

88. — Le corps des oiseaux est disposé pour le vol, ramassé sur lui-même et terminé en avant par une tête pointue. — Les bras transformés en ailes n'ont plus qu'un moignon de main ; au bord inférieur du bras et de la main incomplète, sont insérées les plumes qui forment la rame de l'aile. — Avec cette rame étendue l'oiseau frappe l'air pour s'y élever.

89. — Pour marcher, se percher ou nager, les oiseaux ne peuvent employer que les deux jambes ; ils sont bipèdes.

90. — Ils respirent par deux poumons et leur sang est chaud.

91. — Ils n'ont pas de dents aux mâchoires, mais un bec corné composé de deux mandibules ; la forme et la taille du bec varient selon le régime alimentaire.

92. — Beaucoup d'espèces d'oiseaux exécutent, suivant les saisons, des migrations ou voyages réguliers.

93. — Les divers oiseaux volent plus ou moins bien ; les ailes, longues et terminées en pointe donnent le vol le plus puissant : les oiseaux qui volent mal ont l'aile large, courte et arrondie du bout.

94. — Parmi les petits oiseaux se trouvent les meilleurs chanteurs ; c'est pendant la matinée et pendant la soirée qu'on les entend le plus. — Certaines espèces apprennent à chanter ou à prononcer quelques mots.

95. — Nos oiseaux de basse-cour sont : le coq et la poule, le dindon, les oies et les canards. — Les pigeons sont encore des oiseaux domestiques.

96. — Nos gibiers à plume les plus importants sont : le faisan, la perdrix, la caille, la bécasse, la bécassine, le canard sauvage.

QUESTIONNAIRE.

85° Comment les oiseaux élèvent-ils leurs petits ? — Que contient l'œuf avant d'être couvé ? — 86° Où sont déposés les œufs ? — Qu'est-

ce que la couvaison ou incubation? — 87° Qu'est-ce que la plume? — A quoi sert aux oiseaux leur plumage? — 88° Comment est conformée l'aile de l'oiseau? — Comment l'aile agit-elle pendant le vol? — 89° A quoi sert aux oiseaux leur seconde paire de membres? — Citez des exemples. — 90° Comment respirent les oiseaux? — 91° Qu'est-ce que le bec? — 92° Qu'appelle-t-on migrations des oiseaux? — 93° Comment est conformée l'aile chez les oiseaux qui volent le mieux? — Chez ceux qui volent mal? — 94° Quels sont en général les oiseaux chanteurs? — 95° Quels sont nos principaux oiseaux domestiques? — 96° Quels sont nos principaux gibiers à plume?

CHAPITRE IX.

LES REPTILES ET LES AMPHIBIES.

97. — Les Vertébrés à sang froid. — Les trois dernières classes du *type* des *Vertébrés* comprennent des espèces moins importantes pour nous que les *Mammifères* et les *Oiseaux*. Les *Reptiles*, les *Amphibies* et les *Poissons* sont beaucoup moins répandus autour de nous; il n'y a parmi eux aucune espèce qui vive près de nous à l'état domestique. Cependant beaucoup de *poissons* servent à l'alimentation de l'homme, et se rencontrent fréquemment sur les marchés des grandes villes.

Les *Mammifères* et les *Oiseaux* sont des *vertébrés à sang chaud*. Leur corps a une chaleur propre qui se maintient au même degré, quelle que soit la chaleur de l'air où ils vivent. Il en est tout autrement des *Reptiles*, des *Amphibies* et des *Poissons*. Ce sont des classes de *vertébrés à sang froid*. Faites-en l'expérience avec un *lézard* ou avec une *grenouille*. Si vous touchez son corps, il vous paraît froid. Cependant, lorsqu'un de ces animaux reste exposé longtemps au soleil, son corps s'*échauffe* beaucoup; mais à l'ombre il se *refroidit* peu à peu. Pour ne pas périr pendant l'hiver, quand vient la saison des gelées, ces animaux ont soin de s'enfuir dans des trous où ils dorment tant que dure la mauvaise saison. En un mot, leur corps se chauffe ou se refroidit sous l'influence des circonstances extérieures.

98. — Les caractères des Reptiles. — Les *Reptiles* (*animaux qui rampent*) traînent toujours leur ventre sur le sol, qu'ils se tiennent en repos ou qu'ils se déplacent : cela s'appelle *ramper*. Ils ont d'ailleurs des formes extérieures très variées ; mais tous ont la *peau couverte d'un épiderme sec et luisant, sans aucune trace de poils ni de plumes*. Quand ces animaux ont des membres, leurs *doigts sont armés d'ongles disposés en griffes*. Dans leur *jeune âge* comme dans le reste de leur existence, ils *respirent l'air libre* au moyen de *poumons*. Les femelles pondent des *œufs* analogues à ceux des oiseaux. Cependant plusieurs espèces mettent au monde *des petits déjà sortis de l'œuf*. Dans ce cas, l'éclosion a eu lieu dans le sein de la mère.

On distingue parmi les *reptiles* trois groupes bien tranchés.

99. — Les tortues. — Les *tortues* sont des animaux d'une construction très bizarre. Leur corps porte en dessus une sorte de bouclier voûté très résistant et recouvert de *grandes plaques d'écaille*. C'est ce qu'on appelle leur *carapace*. Une autre pièce dure, appelée *plastron*, recouvre le ventre et se joint

Fig. 82. — Une Tortue franche, grande espèce de tortue de mer, l'un de celles dont on tire l'écaille (longueur : 2 mètres).

sur les côtés à la carapace. Cela forme une *boîte* d'une grande solidité dans laquelle le corps est contenu. Une large échancrure placée en avant laisse passer la *tête* et les deux *membres antérieurs* ; en arrière une échancrure semblable, la *queue* et les *membres postérieurs*. Les *mâchoires* des tortues sont, comme celles des oiseaux, dépourvues de dents et armées d'un *bec corné*. Ces animaux vivent de feuilles et d'autres parties vertes des plantes. Ils habitent, les uns la terre, d'autres les rivières et les lacs, d'autres enfin les eaux de la mer.

On trouve dans le midi de la France une petite espèce de *tortue terrestre* ; l'Afrique septentrionale en possède d'autres de plus grande taille. Leur carapace, fortement bombée, est d'une solidité inouie. Une lourde voiture peut passer sur le corps d'une tortue grosse comme un fort melon sans que l'animal en éprouve aucun mal.

100. — L'écaille et les œufs de tortue. — *Les tortues d'eau douce* et les *tortues de mer* atteignent de très grandes tailles. Le *caret*, de l'Océan indien et des parties chaudes de l'Atlantique, a plus d'un mètre et demi de longueur. Il porte sur sa carapace les plaques précieuses connues dans le commerce sous le nom d'*écaille*, dont on se sert pour la tabletterie et la fabrication des peignes. La *tortue franche* dépasse souvent deux mètres. Les marins estiment sa chair et les œufs nombreux que ces reptiles déposent dans le sable du rivage. Dans la vallée du Maragnon (Amérique du Sud), de nombreuses tribus d'Indiens vivent pendant certaines périodes de l'année en exploitant les couches d'*œufs de tortues* provenant de grandes espèces qui habitent ce fleuve et ses nombreux affluents.

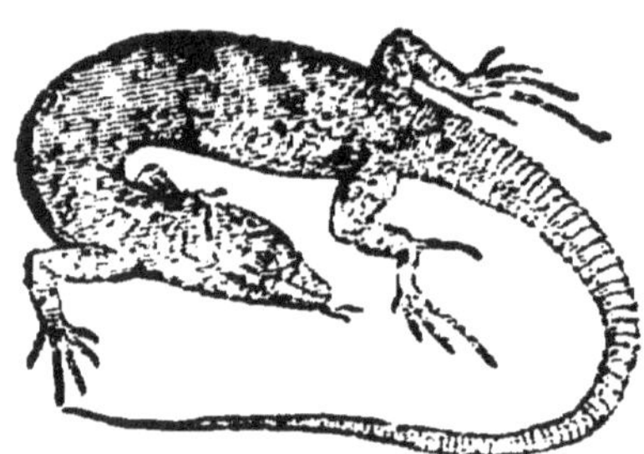

Fıg. 83. — Un Lézard vert (3 fois plus petit que nature).

10. — Les sauriens. — Les *sauriens* sont des *reptiles* de taille très variée, *dépourvus de carapace*, *armés de dents* sur le bord des mâchoires et *pourvus de pattes*. Dans les pays chauds, le nombre des *sauriens* est plus considérable que dans nos régions tempérées. Les *crocodiles* de l'Afrique, les *gavials* de l'Inde, les *caïmans* ou *alligators* de l'Amérique sont de grands *sauriens*

Fıg. 84. — Un Gecko des murailles ou tarente des Provençaux (3 fois plus petit que nature).

d'une force et d'une férocité redoutables. Il en est qui atteignent une longueur de sept ou huit mètres. Ils vivent en général dans les grands fleuves, où ils nagent avec agilité. Sur les rivages ils courent rapidement : mais on peut leur échapper en évitant de fuir en ligne droite. Chaque fois que ces animaux sont obligés de faire un détour, ils perdent beaucoup de temps. Les *lézards* sont les *sauriens* les plus connus dans notre pays. On trouve communément en France le *lézard gris des murailles* et le *lézard vert* qui est plus grand. La *tarente* du midi de la France, dont le vrai nom est *gecko des murailles*, est un *saurien* qu'on trouve souvent dans les maisons, où il court sur les murs et même sur les plafonds.

102. — Les serpents. — Les serpents sont des *Reptiles dépourvus de membres*; leur corps est extrêmement allongé; ils *rampent* sur le ventre *en décrivant des sinuosités à droite et à gauche*. Au repos ils se roulent en rond, faisant plusieurs tours sur eux-mêmes; la tête surmonte cette espèce d'hélice vivante; on dit alors que le *serpent est lové*. Les *serpents* se nourrissent d'animaux vivants; mais le fait le plus remarquable, c'est que certaines espèces de *serpent* ont la *morsure* venimeuse.

103. -- Les serpents venimeux — Ils déposent dans la plaie un poison plus ou moins redoutable. Dans les pays chauds, le *venin des serpents* est très dangereux ; il agit habituellement avec une rapidité presque foudroyante ; souvent la mort arrive quelques minutes après la morsure ; cependant toutes les espèces venimeuses ne sont pas également puis-

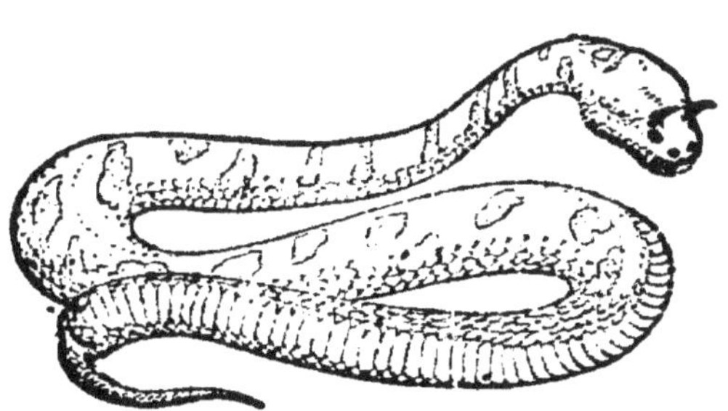

Fig. 85. — Un Céraste ou serpent cornu, commun en Algérie ; espèce dont la morsure est venimeuse (4 fois plus petit que nature).

santes. Nous ne possédons en France que des *serpents venimeux* de petite taille, trois ou quatre espèces connues sous le nom de *vipères.*

Les plus grandes ne dépassent pas un demi-mètre de longueur. Leur morsure peut occasionner la mort, surtout pendant les chaleurs de l'été ou dans les parties chaudes de notre pays; le plus souvent on y survit après avoir éprouvé des accidents plus ou moins graves. Mais, dans le nord de l'Afrique, en Algérie, par exemple, on rencontre assez communément la *vipère cornue* ou *céraste*, serpent très venimeux, un peu plus grand que notre *vipère commune* de France. Les colons de la Martinique redoutent extrêmement la *vipère fer-de-lance* ou *serpent jaune des Antilles*, grande espèce longue de deux mètres et très dangereuse. Les *serpents* venimeux ont la mâchoire supérieure armée de deux grandes dents pointues et recourbées en arrière, que l'on appelle les *crochets à venin*. Chacune d'elles est creusée d'un petit canal par où coule le venin à mesure que la dent s'enfonce. Les *serpents non venimeux* n'ont pas de crochets; on en trouve chez nous plusieurs espèces absolument inoffensives; les trois plus communes sont le *serpent de verre*, *orvet* ou *envet*, la *couleuvre à collier, anguille de haie* ou *serpent d'eau*, et la *couleuvre verte et jaune* du midi de la France.

104. — Les métamorphoses des Amphibies. — Rien n'est plus singulier que le jeune âge et les changements des *grenouilles* et des *crapauds*. Ces animaux prennent naissance dans des œufs qui flottent, comme une sorte de mousse, à la surface de l'eau des mares ou des étangs. Le petit, qui ne tarde

Fig. 86. — Un Têtard de Grenouille sans pattes (moitié moindre que nature).

pas à éclore dès que la saison devient chaude, n'a pas de membres. Son corps est une petite boule allongée que termine une longue queue disposée en une nageoire ondoyante. Sur les côtés de la tête, se voient de petits panaches flottants dans l'eau. C'est par là que le jeune *têtard* respire, comme un poisson, l'air contenu dans l'eau. A cette époque de sa vie, l'animal n'a pas de *poumons*, et ces panaches sont ce qu'on

Fig. 87. — Un Têtard ayant déjà deux pattes (moitié moindre que nature).

appelle ses *branchies*. Au bout de quelques jours, les branchies se cachent dans un trou qui se creuse de chaque côté du cou, et l'animal, qui a grandi, a une forme qu'il conservera assez longtemps (fig. 86). C'est le *têtard* long de quatre à cinq centimètres que l'on rencontre communément dans toutes les mares. Il est vif et son gros corps mollasse laisse voir en avant deux yeux et une bouche assez petite. Sa vie est celle d'un poisson, il ne sort jamais de l'eau. Plus tard, *il lui pousse deux membres longs*

et charnus à la base de la queue. Celle-ci diminue rapidement et finit par disparaître. Pendant ce temps, *une seconde
paire de pattes*, beaucoup plus courtes, s'est développée en
avant. Les yeux sont devenus gros et saillants; la bouche,
largement fendue. En un
mot, le *têtard* s'est changé
en une *grenouille* ou en un
crapaud. La transformation
intérieure n'a pas été moins
complète. Le *têtard respirait
par des branchies*, et se nour-
rissait d'herbes aquatiques ;

Fig. 88. — Un Têtard ayant ses quatre
pattes (moitié moindre que nature.)

l'animal dans sa forme nouvelle *respire l'air libre* par des
poumons et se nourrit d'insectes, de limaces et de vers.
Voilà ce que l'on appelle les *métamorphoses* des *Amphibies*.
Leur existence comprend deux genres de vie : dans le jeune
âge, c'est un *poisson*; dans l'âge adulte, c'est un *animal
aérien*. Le mot *amphibie*, qui signifie *vie double*, rappelle
ces singuliers caractères.

105. — Grenouilles et crapauds. — Que dirons-nous
des *crapauds*? A coup sûr ils sont laids ; ils se plaisent dans
des lieux sales et obscurs; lorsqu'on
les prend, ils inondent les mains
d'une urine irritante, et en même
temps les pustules de leur dos se
couvrent de gouttes blanches dont
le contact peut faire venir des boutons à la peau. Mais, malgré tout
cela, c'est réellement un animal sans
aucun venin pour l'homme ; il lui
rend même de réels services. Les
grenouilles se nourrissent d'insectes
nuisibles ; les *crapauds* poursuivent
en outre des vers et des limaces qui
font un grand tort à nos cultures.
Il vaudrait donc mieux épargner

Fig. 89. — Une Grenouille
rousse (3 fois plus petite que
nature.)

les *crapauds* que de les tuer avec dégoût, souvent avec
une méchanceté aussi sotte que blâmable.

106. — Tritons et salamandres. — Dans les mêmes
mares où se complaisent les *grenouilles*, nagent souvent en
abondance diverses espèces de *tritons* vulgairement appelés
lézards d'eau.

Ils sont soumis à des métamorphoses moins complètes que celles des *grenouilles* et des *crapauds* puisque leur queue ne disparaît pas. Il en est de même des *salamandres*, qui vivent dans des trous humides, et font grand'peur aux gens des campagnes, bien qu'elles soient

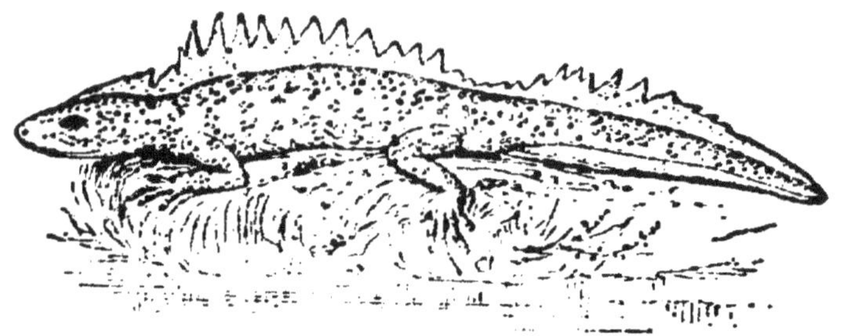

Fig. 90. — Un Triton à crête (moitié moindre que nature).

absolument inoffensives. C'est bien à tort aussi que la crédulité populaire les regarde comme pouvant vivre dans les flammes sans brûler.

RÉSUMÉ DU CHAPITRE IX.

97. — Les Mammifères et les Oiseaux sont des vertébrés à sang chaud ; les Reptiles, les Amphibies et les Poissons ont le sang froid.

98. — Les Reptiles, même quand ils ont des membres, rampent, c'est-à-dire traînent leur ventre sur le sol. — Leur peau est sèche et écailleuse. — Ils respirent pendant toute leur vie par des poumons.

99. — Les tortues sont des reptiles dont le corps est enfermé dans une boîte osseuse formée d'une carapace et d'un plastron. — Elles ont un bec corné et sont privées de dents.

100. — Une espèce de grande tortue de mer fournit l'écaille à l'industrie. — D'autres espèces de tortues aquatiques produisent des œufs dont les hommes peuvent se nourrir.

101. — Les sauriens sont des reptiles sans carapace et pourvus de quatre membres ; les lézards sont les plus connus de ces animaux, les crocodiles en sont les grandes espèces.

102. — Les serpents sont des reptiles dépourvus de membres et dont le corps est très allongé.

103. — Parmi les serpents, il existe un groupe d'espèces dont la morsure est venimeuse : telles sont nos vipères.

104. — Les grenouilles et les crapauds éprouvent des métamorphoses pendant leur jeune âge; ils naissent dépourvus de membres, avec une queue disposée en nageoire et des branchies pour

respirer dans l'eau. A l'âge adulte, ils ont quatre membres, sont dépourvus de queue et respirent l'air par des poumons. — Ces métamorphoses caractérisent la classe des Amphibies.

105. — Les grenouilles et les crapauds nous rendent des services
en détruisant des animaux nuisibles.

106. — Les tritons et les salamandres sont des Amphibies qui
conservent leur queue à l'âge adulte.

QUESTIONNAIRE.

*97° Qu'appelle-t-on des Vertébrés à sang froid? — 98° A quoi recon-
nait-on les Reptiles? — 99° Quelle est la conformation particulière
des tortues? — 4° — 100° Dites ce que vous savez de l'écaille et des
œufs des tortues. — Quelle est la conformation des sauriens? Citez des
exemples. — 102° En quoi les serpents sont-ils différents des sauriens? —
103° Qu'apppelle-t-on vipères et couleuvres? — 104° En quoi consis-
tent les métamorphoses des grenouilles et des crapauds? — Quels sont les
principaux animaux de la classe des Amphibies? — 105° Quels sont les
services que nous rendent les grenouilles et les crapauds? — 106° Qu'appelle-t-on tritons? salamandres?*

CHAPITRE X

LES POISSONS.

107. — La peau et ses écailles. — Il s'agit ici de *Vertébrés*
purement aquatiques et en..èrement conformés pour vivre dans l'eau et y nager. Le corps des *Poissons* est presque toujours couvert d'*écailles* qui s'en détachent avec
facilité. Chez quelques-uns, ces *écailles* deviennent de
petites *plaques osseuses* qui forment une sorte de cuirasse
protectrice. Chez d'autres, ces *écailles* sont très petites;
chez d'autres enfin, on n'en trouve pas, et la peau est
molle ou finement rugueuse Chez tous les *Poissons*, la
peau est couverte d'une matière gluante.

108. — La forme du corps. — Le *tronc* des *Poissons* n'est
pas uni à la *tête* par un *cou* distinct. Leur *forme générale*
est le plus souvent *aplatie* sur les côtés, et *effilée en pointe*
en avant comme en arrière. La *queue* se termine par
une *nageoire* dirigée de haut en bas. Sur le *dos* et sous la
queue se voient encore des *nageoires*; sur les *côtés du
corps*, on en trouve encore *deux paires*, quelquefois *une seule*;
ces *nageoires* disposées par paires sont véritablement les

membres. Quelques espèces de *poissons* n'ont pas de *membres* du tout.

109. — Les branchies. — Intérieurement les *Poissons* ne présentent aucune trace de *poumons.* Ils *respirent par des branchies* placées sur les deux côtés et en arrière de la tête. La place qu'elles occupent se reconnait facilement : prenez une *carpe* ; regardez entre l'œil et la *nageoire* qui en est proche *(nageoire pectorale)* : vous apercevrez une longue fente en forme de croissant: c'est ce qu'on appelle l'*ouïe.* Une sorte de volet, qu'on appelle l'*opercule,* la recouvre extérieurement. Soulevez cet opercule, et vous découvrirez, placées les unes auprès des autres, plusieurs crêtes rouges évidemment gorgées de sang : ce sont les *branchies.* C'est par là que l'animal respire à l'aide de l'air que lui apporte l'eau introduite dans sa bouche. Elle passe sur les *branchies* et ressort par l'*opercule.*

110. — Hors de l'eau les poissons meurent. — Les poissons ont absolument besoin de vivre dans l'eau. Il en est qui comme les *anguilles,* peuvent se tenir quelque temps dans l'herbe humide ; mais tous *périssent* tôt ou tard *quand on les maintient hors de l'eau.* La mort arrive même rapidement pour les espèces qui, comme les *harengs,* les *maquereaux,* ont les ouïes très largement ouvertes ; ce qui les fait périr c'est que *leurs branchies se dessèchent* à l'air. Plus cela se produit rapidement, plus ils meurent vite. Cependant une expérience bien simple prouve qu'ils respirent l'air contenu dans l'eau et non l'eau elle-même. Placez des poissons bien vivants dans de l'eau, qui a bouilli ; ils ne tardent pas à se tourner sur le côté, puis enfin le ventre en l'air, et ils meurent. Cela vient uniquement de ce que l'eau qui a bouilli a perdu en chauffant tout l'air qu'elle contenait. Mais retirez de cette eau les poissons étouffés ; battez-la avec des verges de façon à ce qu'elle reprenne une certaine quantité d'air ; Alors vous pourrez y mettre de nouveaux poissons, ils y vivront aussi bien que dans l'eau des sources et des rivières.

111. — Poissons d'eau douce et poissons de mer.— Tous les *Poissons* ne se contentent pas, pour vivre, de l'*eau douce* des fleuves, des rivières, des étangs ou des lacs. Il est beaucoup d'espèces qui ont besoin d'*eau salée,* et ne peuvent *vivre que dans la mer.* Cependant, parmi les *poissons marins,* il en est qui peuvent vivre tour à tour dans l'eau salée et dans l'eau *douce*, pourvu que le changement n'ait pas lieu brusquement. C'est ainsi que les *saumons*, les *aloses* et beaucoup d'autres, bien qu'habitant l'eau *de mer*, se dirigent, à une certaine époque de l'année, vers l'embouchure des *fleuves*, et remontent jusqu'auprès de leurs sources pour y passer souvent quelques mois.

112. — Les nageoires. — Examinons en détail la disposition des *nageoires* (fig. 91). Nous **prendrons** pour exemple un poisson qui ait quatre membres, une *carpe*. Derrière chacune des *ouïes* nous trouvons une nageoire qui représente le membre supérieur de l'homme et qu'on appelle

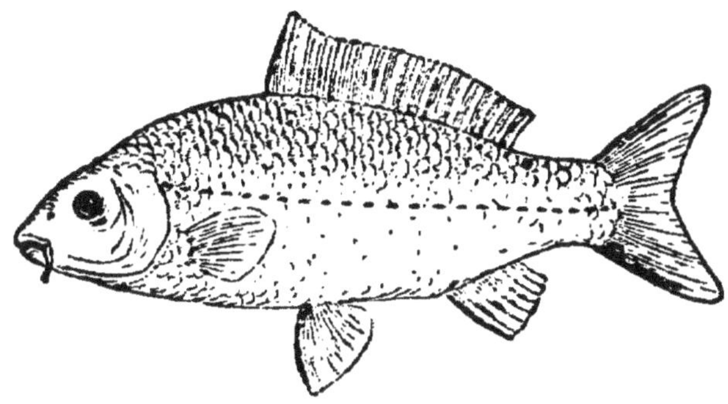

ic. 91. — Une carpe, poisson d'eau douce ; exemple de la conformation des nageoire
(6 fois plus petite que nature).

nageoire pectorale (c'est-à-dire fixée sur la poitrine). Sous le ventre, vers le milieu de la longueur de la *carpe*, on aperçoit une autre paire de nageoires. Elles sont rapprochées l'une de l'autre. Ce sont les membres postérieurs; on les nomme *nageoires abdominales*. Suivant les espèces, cette paire de nageoires est placée le long du ventre, plus ou moins en avant. Il y a même des poissons, comme la *perche*, où les *nageoires abdominales* sont placées aussi en avant que les *nageoires pectorales*. D'autres enfin, comme la *morue* ou le *merlan*, ont les *nageoires abdominales* fixées en avant des *pectorales*, sous la gorge même.

Les *nageoires* qu'il nous reste à indiquer ne sont plus disposées par paires sur les côtés du corps. Elles se trouvent sur le milieu. L'une se dresse sur l'épine dorsale, et on la nomme *nageoire dorsale*. Chez la *carpe*, cette nageoire est d'une seule pièce. Il n'en est pas toujours ainsi : chez la *perche* (fig. 92), chez le *rouget*, il y a *deux dorsales.* La *morue* (fig. 98) en possède *trois* ; quelques poissons en portent un plus grand nombre encore.

Au bout de la queue, se trouve la *nageoire caudale*, qui s'étale verticalement en éventail. Chez la *carpe*, elle est échancrée vers le milieu. Chez quelques autres poissons, la *morue*, par exemple, elle est arrondie.

Enfin, sous le bord inférieur de la queue, la *carpe* porte encore une nageoire que l'on appelle *anale*, parce qu'elle est située en arrière et près de l'anus. Dans la *morue*, dans le *merlan*, on trouve *deux nageoires anales.*

Toutes ces nageoires, quelle que soit leur position, sont organisées de la même manière. Elles sont formées de baguetttes rigides placées parallèlement entre elles, et que l'on appelle des *rayons.* Durs à leur base, les *rayons* des nageoires sont généralement *souples et flexibles à leur extrémité.* Cependant chez plusieurs poissons on trouve des nageoires pourvues de *rayons raides et piquants* à l'extrémité, il en résulte qu'elles sont armées de pointes, et l'on les nomme des *nageoires épineuses.* Dans tous les cas, les *rayons* d'une même nageoire sont enveloppés par une peau délicate qui les réunit et dont la surface frappe l'eau quand le poisson veut nager.

La position de ces diverses sortes de nageoires donne à chaque poisson une physionomie à l'aide de laquelle on le reconnaît assez facilement. Quelques-uns ont à cet égard des caractères tout particuliers. Ainsi, chez les *soles* (fig. 99), les *turbots*, les *limandes*, les *nageoires abdominales* sont sous la gorge, en avant des *pectorales.* Une longue *dorsale* se dresse sur toute la ligne du dos et une *anale* se développe de même sur presque out le bord ventral.

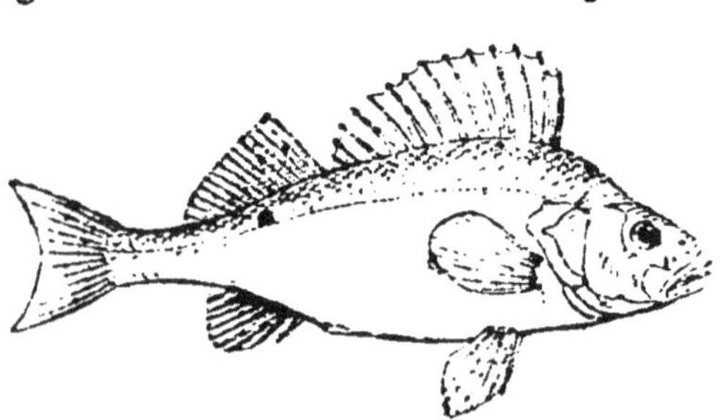

Fig. 92. — Une Perche ; exemple d'un poisson d'eau douce, à première nageoire dorsale épineuse (10 fois plus petite que nature).

Chez l'*anguille* (fig. 100), il n'existe pas de *nageoires abdominales*, mais il y a aussi une *dorsale* et une *anale* très longues. Chez la *raie* (fig. 101), un développement inusité des *nageoires pectorales* donne au corps du poisson la forme d'un losange, tandis que toutes les autres nageoires sont très petites.

113. — Perches et maquereaux. — Dans un premier groupe de *poissons* caractérisés par l'existence de *rayons*

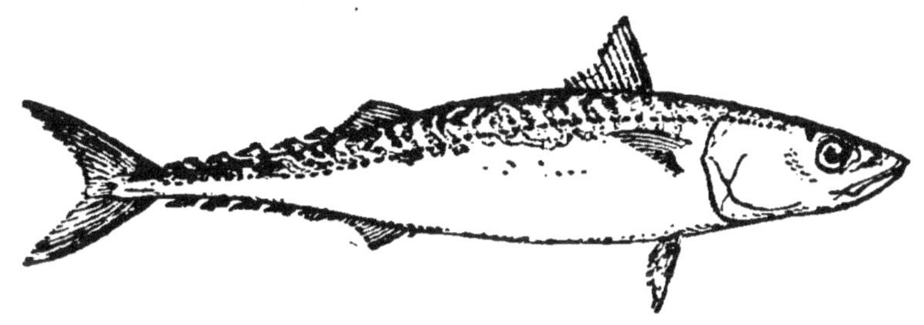

Fig. 93. — Un Maquereau ; poisson de mer, à première nageoire dorsale épineuse (5 fois plus petit que nature).

épineux dans la *nageoire dorsale*, on range les *perches*, dont une espèce est si commune dans nos eaux douces et se fait remarquer par la coloration rouge de ses nageoires ; puis les *maquereaux* et les *thons*, qui se tiennent en bandes nombreuses dans nos mers d'Europe. Les *bars*, appelés *loups* sur nos plages de Normandie et de Bretagne, sont de fort bons poissons marins, très voisins des *perches*.

114. — Les harengs. — Après ce premier groupe, en vient un autre où la *nageoire dorsale* n'a que des *rayons mous*. On y classe le plus grand nombre des poissons que l'on trouve sur nos marchés. Ce sont d'abord le *hareng* (fa-

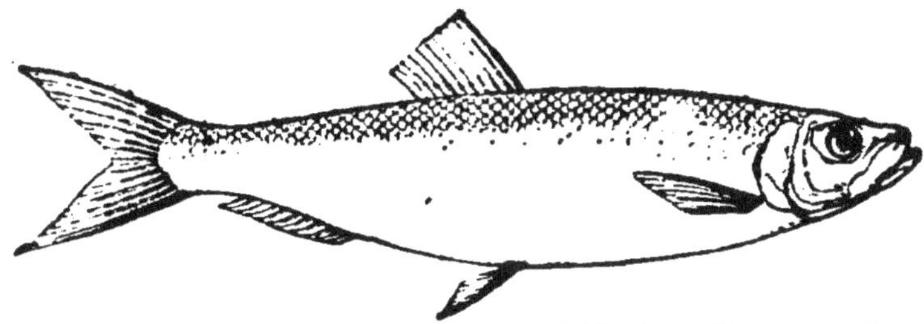

Fig. 94. — Un Hareng, poisson de mer (4 fois plus petit que nature

mille des clupes), célèbre par ses voyages. Le *hareng commun* parait à certaines époques en bancs innombrables sur les côtes de la mer du Nord et de la Manche ; on en fait une pêche abondante, à la suite de laquelle on prépare les conserves connues sous le nom de *harengs saurs* ou *fumés*, et *harengs salés*. La *sardine* est une espèce très voisine, mais beaucoup plus petite; on la conserve dans des boites fermees et remplies d'huile. L'*anchois* est une espèce très peu différente dont on fait des conserves du même genre. Enfin on pêche à certaines époques dans nos fleuves et nos rivières *l alose*, grande espèce semblable aux précédentes, qui vit habituellement dans la mer et remonte chaque année dans nos grands cours d'eau.

115. — Les saumons. — Les *saumons* et les *truites*, bien que poissons de mer, remontent périodiquement dans nos

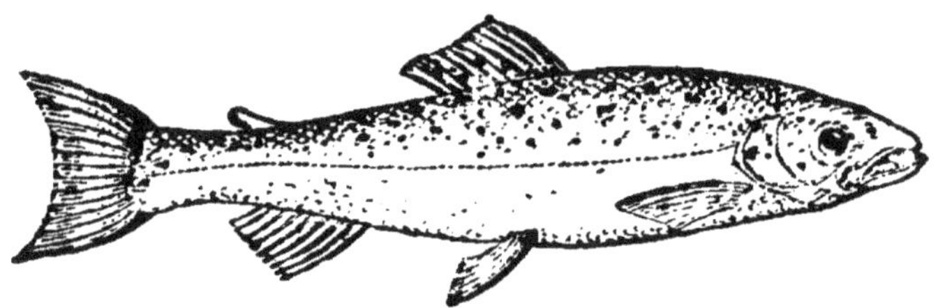

Fig. 95. — Un Saumon, poisson de mer et de fleuves (10 fois plus petit que nature).

fleuves et nos rivières, et se plaisent dans le haut de leur cours. Leur chair substantielle et savoureuse est une ressource des plus précieuses pour beaucoup de populations.

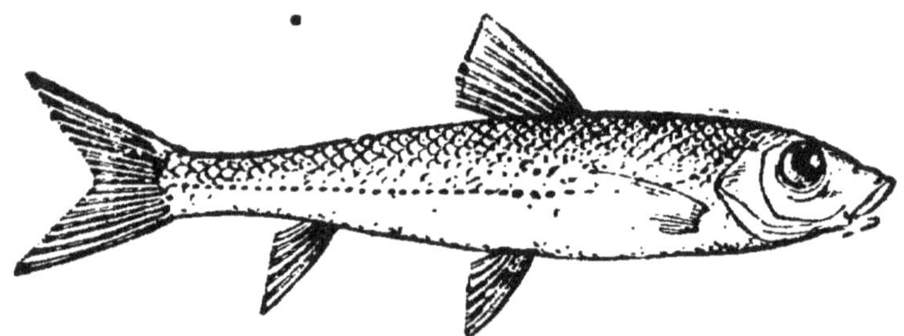

Fig. 96. — Un Goujon, poisson de rivière (moitié moindre que nature).

116. — Le poisson ordinaire de rivière. — Les *carpes*, les *tanches*, les *goujons*, les *ablettes* et beaucoup de menues espèces désignées communément sous le nom de *poissons blancs*, peuplent les eaux douces et sont le butin habituel des pêcheurs de rivière. Les *brochets*, également d'eau douce, ont des mâchoires fortement armées de dents qui annoncent leur voracité. Leur corps très allongé doit son aspect tout particulier à la position très reculée de la nageoire dorsale.

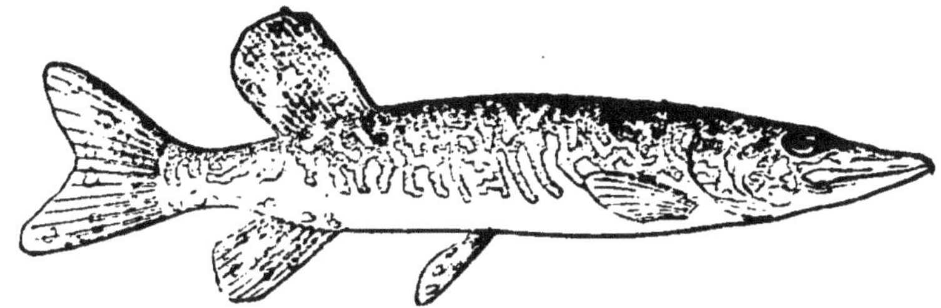

FIG. 97. — Un Brochet, poisson d'eau douce. carnassie très vorace (20 fois plus petit que nature).

117. — Les morues. — Les *morues* habitent les mers et s'y montrent avec une abondance incroyable dans certains parages. La *morue commune* peuple de ses bandes innombables toutes les mers du Nord. Chaque année, de nom-

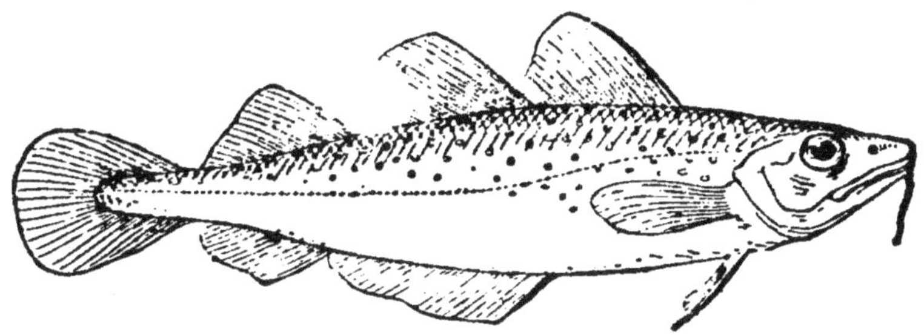

FIG. 98. — Une Morue; poisson de mer (12 fois plus petit que nature).

breux navires partent des divers ports pour pécher la morue entre les côtes de la Norwège et celles de l'île de Terre-Neuve. A mesure que la pêche se fait, on prépare pour les conserver les *morues salées* et les *morues fumées* ou *boucanées*. A certaines saisons, nos marchés reçoivent de la *morue fraiche*, que l'on y désigne sous le nom de *cabillau*. Une espèce voisine, le *merlan*, suit dans les mers du Nord de l'Europe les bancs de *harengs*, et se pêche abondamment sur nos rivages septentrionaux.

118. — Les poissons plats. — On désigne sous le nom de *poissons plats* les *turbots*, *barbues*, *plies*, *carrelets*, *limandes* et *soles*. Ce sont des poissons de mer qui se tiennent près des rivages, appliqués sur la pente des bas-fonds et souvent enfoncés dans le sable et dans la vase. Les deux moitiés de leur corps ne sont pas pareilles, de sorte que les deux yeux sont du même côté.

119. — **Les anguilles.** — Les anguilles de nos eaux douces et les *congres* ou *anguilles de mer* sont des poissons allongés en forme de serpents et dépourvus de nageoires abdominales. Ils sont des poissons communs sur nos marchés ;

Fig. 99. — Une Sole ; poisson de mer (10 fois moindre que nature).

Fic. 100. — Une Anguille; poisson d'eau douce (12 fois plus petite que nature).

les *anguilles* vivent abondamment dans nos cours d'eau et nos étangs ; à certaines époques, elles descendent vers la mer.

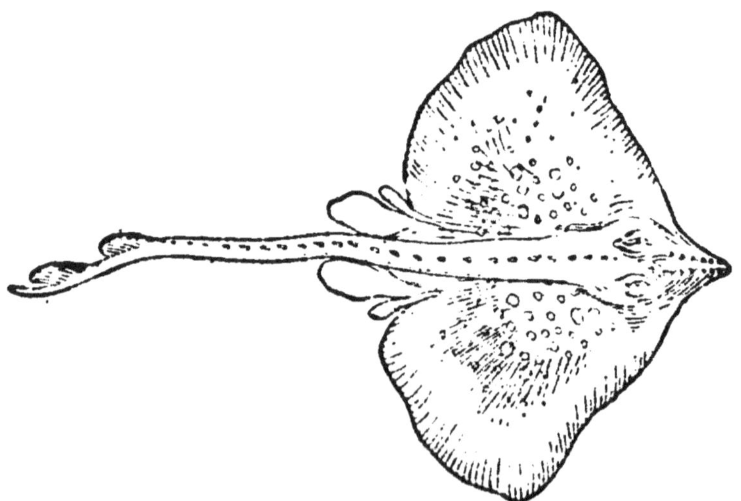

Fis. 101. — Une Raie grise; poisson de mer (30 fois plus petite que nature).

120. — Les raies. — Il existe tout un groupe de poissons remarquables parce que leur squelette ne s'endurcit pas complètement, de telle sorte que leurs os restent flexibles : c'est ce qu'ont pu observer tous ceux qui ont mangé de la raie. On les appelle des *poissons à squelette cartilagineux*. De très grandes espèces, entre autres les *requins*, présentent cette singulière imperfection. Les *raies* sont de moindre taille et très reconnaissables à leur forme carrée ou arrondie. On en trouve principalement sur nos marchés deux espèces : la *raie commune* et la *raie bouclée*. Ce sont nos poissons de mer les plus communs.

RÉSUMÉ DU CHAPITRE X.

107. — **La** peau des Poissons, toujours enduite d'une matière gluante, est habituellement recouverte d'écailles, qui sont de petites lames osseuses implantées dans son tissu.

108. — **Le** corps des Poissons est ramassé ; la tête confondue avec le tronc ; le tout forme une masse aplatie sur les côtés et terminée en pointe par les deux extrémités.

109. — **Ils** respirent par des branchies l'air que contient l'eau ; celle-ci entre par la bouche, passe entre les lames des branchies et ressort par les ouïes.

110. — **Tirés** hors de l'eau, les poissons meurent étouffés ; ils meurent également dans une eau qui ne contient pas d'air.

111. — **Il** y a des poissons d'eau douce et des poissons de mer ; parmi ceux-ci, il en est qui, à certaines époques remontent, dans les fleuves et les rivières.

112. — **On** distingue sur le corps des poissons plusieurs sortes de nageoires. Les unes sont placées de côté et par paires, ce sont les membres ; il y en a deux paires en général : les nageoires pectorales et les abdominales. — Les autres sont placées au milieu du corps, sur le dos, au bout de la queue et sous la queue derrière l'anus (nag. dorsale, caudale, anale). — Chaque nageoire est formée d'une peau étalée sur des rayons osseux.

113. — **Parmi** les poissons dont la nageoire dorsale possède des rayons épineux, se trouvent les perches, les bars, les maquereaux et les thons.

114. — **Les** harengs sont représentés sur nos marchés à poisson par le hareng commun, la sardine, l'anchois et l'alose. — On fait des conserves de harengs, de sardines et d'anchois.

115. — **Les** saumons et les truites sont des poissons de mer qui remontent dans les fleuves et les rivières ; ils fournissent aux hommes une chair nourrissante.

116. — **Les** poissons ordinaires de nos cours d'eau sont les carpes, les tanches, les goujons, les ablettes et les brochets ; ceux-ci sont célèbres par leur voracité.

117. — Les morues et les merlans sont des poissons de mer donnant lieu à une pêche abondante ; celle des morues se fait au loin en pleine mer et procure des conserves très utiles

118. — On nomme poissons plats les turbots, barbues, plies, carrelets, limandes et soles.

119. — Les anguilles sont des poissons en forme de serpent ; elles n'ont qu'une seule paire de membres, les nageoires pectorales.

120. — Il existe un groupe de poissons à squelette cartilagineux ; c'est parmi eux que se trouvent les raies, poissons de mer très remarquables par le développement des nageoires pectorales.

QUESTIONNAIRE.

107° Comment est protégée la peau des Poissons? — 108° Quelle est la forme générale de leur corps? — 109° Comment se fait leur respiration? — Qu'appelle-t-on branchies?— 110° Les poissons vivent-ils hors de l'eau? — Vivent-ils dans de l'eau privée d'air ? — 111° Qu'appelle-t-on poissons d'eau douce et poissons de mer? — Rencontre-t-on des poissons de mer dans les eaux douces! — 112° Quelles sont les diverses sortes de nageoires? — 113° Qu'est-ce qu'une perche? un maquereau ? — 114° Un hareng? — 115° Un saumon? — 116° Citez des poissons de rivière. — 117° Qu'est-ce que la morue? --Où la pêche-t-on? — Qu'est-ce que le merlan? — 118° Qu'appelle-t-on poissons plats? — 119° Qu'est-ce que l'anguille? — 120° La raie?

CHAPITRE XI.

LES INSECTES.

121. — Rien n'est moins rare que de rencontrer autour de nous des animaux invertébrés.— Dans vos promenades à travers la campagne ou sous les bois, dès que vous vous asseyez pour prendre quelque repos, écartez l'herbe qui vous entoure ; sans chercher bien longtemps, vous apercevrez de petits animaux qui se tiennent cachés sous la mousse, sous les plus humbles plantes ; ce sont surtout des insectes de tout genre ; ce sont des araignées, puis quelques mille-pattes. Après quelques épreuves de ce genre, vous resterez convaincus que nous vivons entourés d'une multitude d'êtres animés dont l'immense majorité appartient au *type des animaux Annelés*. A mesure que vous vous accoutumerez à ces faciles observations, vous y prendrez plus d'intérêt, car vous serez frappés des curieuses différences d'organisation que présentent tous ces petits êtres. Vous reconnaitrez surtout que les *animaux Vertébrés* ne son pas les seuls dont nous rencontrions communément des espèces autour de nous. L'observation des espèces d'*invertébrés* nous apprendra beaucoup de choses nouvelles, car chez elles il y a bien moins de ressemblances avec notre propre organisation ; il faut y regarder de plus près pour retrouver les parties correspondantes. En même temps les allures et les mœurs de ces petits animaux sont plus faciles à observer, puisque, etant de petite taille, ils agissent sous nos yeux dans un cercle beaucoup plus restreint.

Nous allons faire ensemble quelques-unes de ces observations que vous pourrez ensuite multiplier par vous-mêmes à mesure que se présenteront de nouvelles rencontres.

122. — Les formes extérieures d'un papillon. — Prenons un des insectes que les enfants aiment le plus à poursuivre et à capturer ; prenons un papillon (fig. 102) et examinons comment il est conformé. Nous savons déjà que son corps est composé de trois parties distinctes : la *tête* pourvue d'yeux et d'une paire d'antennes ; le *thorax* ou *corselet* portant les membres ; *l'abdomen* composé de *huit anneaux* visibles et ne portant aucune patte. De plus le *papillon* a *six pattes articulées* et *quatre ailes*. C'est l'organisation habituelle des *insectes* : corps composé de *trois parties distinctes et trois paires de membres*. Quant aux ailes, cela varie : le *papillon* en a *quatre*; la mouche n'en a que *deux*, et le *pou* n'en a pas. Il y a donc à cet égard des différences entre les divers insectes. Ceux qui ont *quatre ailes* sont les plus nombreux. Étudions-les d'abord.

Fig. 102. — Un Papillon de l'aubépine (moitié de la grandeur naturelle).

123. — Les ailes écailleuses. — Nous tenions tout à l'heure un *papillon*: profitons-en pour examiner la disposition de ses ailes. Elles ont un aspect tout autre que celui des ailes d'un *bourdon*, par exemple. En voici un (fig. 103); faisons la comparaison. Le *bourdon* est une *mouche* à *quatre ailes*: c'est-à-dire qu'il a des ailes transparentes comme celles des *mouches*, mais il en a quatre; on y distingue seulement diverses raies noires que l'on appelle des *nervures*. Les ailes du *papillon* diffèrent en cela : elles ne sont pas transparentes. Elles ont un aspect velouté ; mais je vais frotter avec le doigt, même assez légèrement, une de ces ailes ; le velouté s'en va et s'attache à mon doigt. Si je continue à frotter,

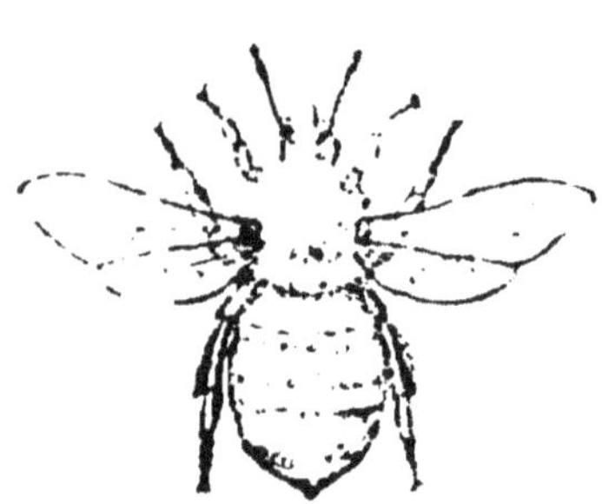

Fig 103. — Un Bourdon des pierres (grandeur naturelle).

l'aile devient peu à peu transparente à son tour. Évidemment j'en ai retiré, en la frottant, une sorte de poussière qui était attachée en dessous comme en dessus à la surface de l'aile. Prenons un de ces instruments à verres grossissants, que l'on appelle *microscopes*. Examinons sous les verres de cet instrument cette poussière colorée: nous reconnaissons immédiatement qu'elle se compose de fort jolies petites *écailles* implantées sur l'aile. Alors nous comprenons que si les ailes des papillons sont opaques et colorées, c'est parce qu'elles sont couvertes d'écailles. Les papillons, en un mot, sont des insectes *à ailes écailleuses* ce sont des *lépidoptères* (de deux mots grecs, dont le premier veut dire *écaille*, et dont le second veut di   *aile*). Les papillons ont d'ailleurs les autres parties de leur corps également recouvertes de très fines écailles.

124. — La tête du papillon. — En regardant la tête du *papillon*, on y aperçoit de chaque côté deux *gros yeux* qui sont en réalité composés d'un grand nombre de *petits yeux* agglomérés. Ce sont des *yeux composés* ou à *facettes*. Au microscope on peut voir que leur surface est formée de plusieurs milliers de très petites facettes. Au-dessous des yeux, à la bouche du papillon on découvre une *trompe* flexible enroulée en spirale. L'animal vit en effet de liquides sucrés qu'il va sucer en voltigeant sur les fleurs.

125. — Les métamorphoses d'un papillon. — Les cultivateurs et les jardiniers accusent les papillons d'exercer de grands ravages sur les plantes. Comment des insectes qui se nourrissent du nectar des fleurs peuvent-ils être si nuisibles? C'est qu'avant d'être un papillon aux couleurs brillantes, chacun de ces animaux a existé plus longtemps sous une tout autre forme. Vous

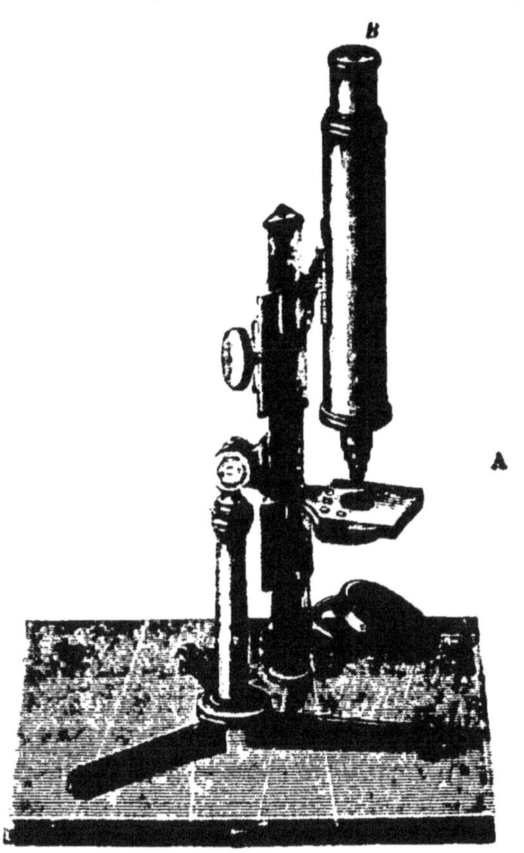

Fig. 101. — Un Microscope (3 fois plus petit que nature). On place l'objet à examiner sur la platine A, et l'on met l'œil en B.

voyez souvent dans la campagne une grande quantité de *chenilles*; vous les avez trouvées bien laides : cependant chacune d'elles est devenue un *papillon*. La chenille, dont on distingue très bien la tête, ne porte pas une trompe et ne vit pas à sucer les fleurs. Sa bouche est armée de bonnes *mâchoires* solides et coupantes, et elle passe sa vie à dévorer les feuilles, les bourgeons, les fruits, les branches, ou même le bois de telles ou telles plantes. Comprenez-vous maintenant tout le mal que font les *papillons* au milieu de nos cultures? La *pyrale de la vigne* s'attaque au feuillage de nos vignobles; les *piérides du chou et du navet* dévastent nos potagers; des *teignes* de diverses espèces dévorent les arbres de nos bois, les grains de nos céréales ou les laines de nos tapisseries. Pour compenser tant de maux, une espèce nous fournit la soie et crée ainsi la matière d'une industrie des plus riches. Ces beaux velours, ces satins brillants, ces belles étoffes de fantaisie qui prennent rang parmi nos plus belles parures, proviennent d'une chenille bien célèbre sous le nom de *ver à soie*. (fig. 105). Le papillon dont le *ver à soie* est le jeune âge nous vient de la Chine. Il était inconnu en France avant le xv⁴ siècle et ne s'y est répandu que vers la fin du xvi⁴. L'art de l'élever est devenu une des principales industries de nos provinces de la vallée du Rhône, en même temps que Lyon est devenu le principal centre de production des soieries.

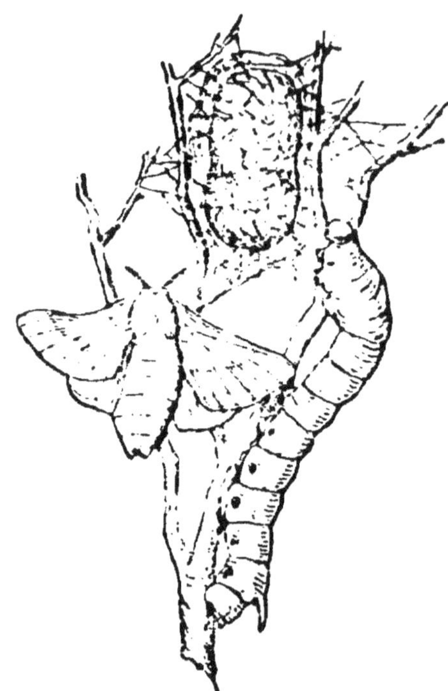

Fig. 105. — Ver à soie, cocon et papillon, appelé Bombyx du mûrier (moitié de la grandeur naturelle).

Tout cela repose sur un fait de la vie de ce papillon que l'on nomme le *bombyx du mûrier*. Le *ver à soie*, pour se

transformer en *papillon*, s'enveloppe dans un *cocon* tissé
: _ moyen de deux fils qui sortent, tant qu'il en est besoin, de sa lèvre inférieure. C'est en dévidant ces *cocons*
que nous nous procurons la *soie* de nos étoffes. Dans son
cocon le *ver ver à soie* a changé de forme; il devient immobile et ressemble à un petit poupon brun doré; cela
s'appelle une *chrysalide* Cette *chrysalide* se transforme
enfin en un *papillon* qui éclôt en faisant un trou au *cocon*.

En résumé, les *métamorphoses* des *papillons* comprennent trois états ou formes qui se succèdent. De l'œuf
sort une *chenille* ou *larve*; celle-ci devient une *chrysalide*,
laquelle prend ensuite sa forme parfaite, celle de *papillon*.
C'est ce que l'on appelle des *métamorphoses complètes*.

126. — Les mouches à quatre ailes. -- Revenons maintenant à notre *bourdon* : ses ailes sont plus petites que celles
des *papillons*; aucune trace d'écailles qui obscurcisse leur
transparence; la peau, ou membrane sèche qui les forme, se
voit à nu. Ainsi sont conformées toutes les *mouches à quatre
ailes* ; on les a nommées *hyménoptères*, ce qui veut dire
ailes membraneuses. Maintenant regardons bien en dessous de la tête du *bourdon*, et cherchons-y les parties de
la *bouche* : voici d'abord une paire de mâchoires, derrière
laquelle se voit une trompe longue, effilée et flexible; on
l'appelle souvent la langue du *bourdon*. Comme le *papillon*, c'est un amateur du nectar des fleurs. Les *antennes*
et les *yeux composés* se voient sans peine. Les *mouches à
quatre ailes* ont des métamorphoses complètes; leurs *larves*
sont des petits vers blancs, lourds et sans pattes; elles
exigent des soins laborieux. Pour les leur donner, beaucoup d'*hyménoptères* vivent en sociétés nombreuses, avec
des mœurs bien dignes d'exciter la curiosité. On y trouve,
outre les mâles et les femelles, des individus appelés
neutres ou *ouvrières*, uniquement destinés à élever les
larves, à travailler pour construire le logis commun et à
se battre au besoin pour le défendre. La révélation de faits
des plus surprenants récompense ceux qui prennent la
peine d'observer les ruches des *abeilles*, les nids des
guêpes ou des *bourdons* et les merveilleuses constructions
des *fourmis*. Chez celles-ci, les individus neutres sont le
plus souvent privés d'ailes.

127. — La piqûre des abeilles et des guêpes. — Il y a
du reste du bien et du mal à dire de ces insectes si intéres-

sants. Les *abeilles*, les *bourdons* et surtout les *guêpes* portent à l'extrémité de l'abdomen un dard ou *aiguillon* avec lequel ces animaux piquent profondément. En même temps ils versent dans la blessure un venin qui détermine de l'enflure et quelquefois, un peu de fièvre. Les *fourmis* sont armées différemment : avec leurs mâchoires elles mordent vigoureusement en dégorgeant sur la partie mordue une liqueur irritante et d'une odeur forte.

128. — Le miel et la cire. — D'un autre côté, les *abeilles*, dans leurs ruches, fabriquent le *miel*, le premier sucre que les hommes aient employé lorsqu'ils ne savaient pas tirer cette matière de la canne ou de la betterave. De plus, les rayons où le *miel* est contenu sont formés de *cire* : cette substance est non moins précieuse que le *miel*, quoiqu'elle ne serve pas à nourrir.

129. — Les métamorphoses et la conformation d'un hanneton. — Occupons-nous encore d'un autre insecte bien connu de tous, le *hanneton*. Avant de l'étudier à l'état d'*insecte parfait*, voyons par quelles formes il passe pour y arriver. C'est d'abord un ver arrondi, gras et blanc, pourvu de pattes, que l'on appelle communément *ver blanc* ou *man* (fig. 106). Cette larve se tient dans la terre des prés, rongeant les racines des herbes. Elle a six pattes cornées et brunes, et une tête également cornée et noirâtre, dont la bouche est garnie de solides mâchoires. Pendant trois ans, elle commet de cruels dégâts.

Fig. 106. — Ver blanc ou larve du Hanneton (moitié de grandeur naturelle).

A la fin de la troisième année, le *ver blanc* se transforme en *nymphe* (fig. 107), état analogue à celui de *chrysalide* chez le *papillon*, ayant déjà l'aspect du hanneton et qui demeure quelques semaines encore sous terre, immobile, sans manger. Puis la *nymphe* devient le *hanneton* à l'état parfait (fig. 108). Il sort de terre, monte après les arbres et dévore leurs feuilles ; il ne vit ainsi que quelques mois : il fait donc du mal durant toute sa vie. Mais ce n'est pas ce qui nous préoccupe en ce moment ; nous voulons savoir comment l'insecte est construit. Regardons-le marcher à terre : voici sa *tête* avec ses *antennes* et ses *yeux composés* ; voici le *corselet* avec les *six pattes* ; mais où sont donc les *ailes* ? N'y en a-t-il pas? L'animal va vous répondre lui-même. Il écarte les deux lames écailleuses brunes qui recouvrent son *abdomen*; deux ailes membraneuses sortent de dessous ces deux lames ou *étuis*, et le *hanneton* s'envole. Il a donc des *ailes*, et même il en a *quatre*; seulement celles de la première paire servent d'*étuis* à l'autre; celles de la seconde paire, quand le hanneton ne vole pas, sont cachées sous les *étuis*, que l'on appelle aussi les *élytres*; comme elles sont plus longues, elles sont repliées sur elles-même à leur extrémité. Le nombre des insectes qui ont les ailes ainsi confor-

Fig. 107. — Nymphe du Hanneton (moitié de grandeur).

mées est énorme, on les nomme *coléoptères* (ce qui signifie : *ailes à étuis*). On voit très communément courir sur la terre de nos jardins ou de nos champs un bel insecte dont le corps brille d'un beau vert cuivré rappelant l'éclat d'un métal. C'est la *jardinière* ou *jardinier* que les naturalistes nomment le *carabe doré*. I' court alerte et les mâchoires en avant, à la chasse des insectes dont il ouvre le ventre et tire les entrailles pour s'en repaitre. La *bête-à-bon-Dieu* ou *coccinelle* est encore un coléoptère. Tous les insectes de cet ordre ont la bouche organisée pour mâcher des parties de plantes ou d'ani-

Fig. 108. — Un Hanneton (moitié de grandeur).

maux. Il existe en effet parmi eux toute une famille qui se nourrit, soit d'autres insectes, soit de la chair morte de petits oiseaux ou de petits mammifères. Mais la grande majorité des coléoptères vivent comme le hanneton. Ils dévorent les végétaux, soit à l'état de *larve*, soit à l'état d'*insecte parfait*.

130. — Les sauterelles. — Voici une *sauterelle* de l'espèce, malheureusement trop célèbre, que l'on appelle le *criquet voyageur*. C'est un de ces insectes que leurs invasions désastreuses ont signalés dans tous les temps. Dans certaines années, de véritables nuages de ces funestes *sauterelles* apparaissent tout à coup, apportant avec elles la dévastation. Le ciel en est obscurci; quand elles ont passé, tout est rongé dans les champs; les dépouilles de celles qui meurent empestent le pays. La France heureusement ne connaît ce fléau que dans une petite partie de son territoire et à de très longs intervalles. C'est dans la Provence que l'on a vu, de loin en loin, de pareils désastres. Mais l'Algérie est beaucoup moins heureuse ; les *sauterelles* y apparaissent assez souvent et bien plus terribles que chez nous.

Fig. 109. — Une Sauterelle, le Criquet voyageur (moitié moindre que nature).

131. — Conformation d'une sauterelle. — Regardez le criquet que vous avez là sous les yeux (fig. 109) : l'insecte est long et robuste ; la tête est prolongée en dessous par une bouche armée de mâchoires vigoureuses pour couper et pour broyer les feuilles et les bourgeons des plantes. Tout le reste du corps est allongé et surtout l'abdomen. Ce qu'il y a de plus remarquable, c'est le développement de la dernière des pattes ; non seulement elle est longue, mais encore la cuisse, épaisse et arrondie, contient des muscles puissants. C'est à cause de cette disposition que l'animal peut sauter si énergiquement. Quant aux ailes, elles sont allongées, et la première paire est en *étuis*, comme chez le *hanneton* ; mais ces *étuis* sont relativement beaucoup plus longs ; ils dépassent le corps. Aussi les secondes ailes n'ont-elles pas besoin d'être repliées à leur extrémité : elles sont pliées dans leur longueur sous les étuis qui les protègent.

Fig. 110. — Une Mouche commune (3 fois plus grande que nature.)

132. — Les mouches à deux ailes. — Nous savons déjà que certains insectes n'ont que deux *ailes* ; on les nomme tout naturellement des *diptères* (insectes à deux ailes). Nous avons étudié la conformation de l'insecte le plus répandu autour de nous, la *mouche commune*. Importune, mais inoffensive, elle suce les liquides avec sa trompe molle et charnue. D'autres mouches voltigent souvent dans nos maisons. Chacun connaît les grosses mouches qui tournent en bourdonnant autour des morceaux de viande ; elles y déposent de petits œufs blancs, très allongés, qui éclosent en quelques heures, et donnent naissance à de petits vers également blancs. Ceux-ci mangent avidement la viande où ils vivent, et deviennent promptement gros et gras ; on les désigne sous le nom d'*asticots*. Ce sont les *larves des mouches à viande*.

RÉSUMÉ DU CHAPITRE XI.

121. — On rencontre très fréquemment, dans la campagne, sous l'herbe ou sous les pierres, de petits animaux dont la plus grande partie sont des insectes et dont les autres sont des araignées ou des mille-pattes. Ce sont des types d'animaux invertébrés.

122. — Un papillon a, comme tous les insectes, un corps composé de trois parties : tête, thorax, et abdomen. — La tête porte une paire d'yeux et une paire d'antennes. — Le thorax donne attache à trois paires de pattes en dessous et deux paires d'ailes en dessus. — L'abdomen, composé d'une suite d'anneaux, ne porte aucun appendice. — C'est la constitution des insectes les plus parfaits

123. — Les ailes du papillon sont entièrement couvertes de très fines écailles blanches ou colorées d'une façon souvent très brillante. — Dans un autre insecte, le bourdon, on voit encore quatre ailes ; mais elles n'ont pas d'écailles, et sur la membrane qui les forme on distingue plusieurs nervures : c'est une mouche à quatre ailes. Le papillon est un lépidoptère.

124. — Les deux yeux du papillon sont composés d'un gran. nombre de facettes extrêmement petites. — La bouche est armée d'une trompe flexible roulée en spirale.

125. — Les papillons ne naissent pas sous la forme que nou désignons par ce nom. — En sortant de l'œuf, l'animal a la forme d'une chenille : c'est son état de larve. — Plus tard il passe à un second état, celui de chrysalide. — Enfin il prend sa forme parfaite, celle de papillon. Ce sont là des métamorphoses complètes.

126. — Le bourdon est un hyménoptère. — Sa bouche se compose d'une paire de mâchoires avec une trompe en dessous ; il a aussi deux yeux composés et deux antennes. — Il a des métamorphoses complètes. — Pour élever leurs larves, les bourdons, comme les abeilles, forment des sociétés où l'on distingue trois sortes d'indivi dus : les mâles, les femelles et les neutres ou ouvrières.

127. — Le bourdon possède a l'extrémité de l'abdomen un aiguillon avec lquel il fait des piqûres légèrement venimeuses.

128. — Les sociétés des abeilles fabriquent, dans leurs ruches, du miel et de la cire

129. — Le hanneton est un insecte à quatre ailes; mais elles ne sont pas semblables entre elles : la première paire forme des étuis cornés destinés à recouvrir la seconde paire dans le repos; la seconde paire d'ailes est membraneuse avec des nervures. La tête porte deux antennes et deux yeux composés. — Il a des métamorphoses complètes, car il passe successivement par les états de ver blanc (larve), de nymphe, d'insecte parfait. — Le hanneton est un coléoptère.

130. — La sauterelle appelée criquet voyageur est, à certaines époques, un fléau pour les pays chauds.

131. — Le criquet a la bouche armée de fortes mâchoires; la troisième paire de pattes a des cuisses très épaisses, ce qui rend l'animal sauteur. — Il y a quatre ailes, dont les deux premières forment de longs étuis aux secondes.

132. — La mouche commune est une mouche à deux ailes; c'est un diptère. — Elle a des métamorphoses complètes; les larves de la mouche à viande sont les asticots.—La mouche commune a la bouche conformée en une trompe molle, pour sucer les liquides.

QUESTIONNAIRE.

121. Que sont les petits animaux que l'on rencontre le plus communément dans la campagne?— 122. De quoi se compose le corps d'un papillon? — Qu'observe-t-on sur la tête du papillon? — A quelles parties le thorax donne-t-il attache? De quoi se compose l'abdomen. — 123. De quoi sont recouvertes les ailes du papillon? — Que nomme-t-on lépidoptères? — 124. Qu'appelle-t-on yeux composés chez le papillon, le bourdon, etc? Comment est conformée la bouche du papillon? — 125. Quelles sont les métamorphoses des papillons? — 126. Comment sont conformées les ailes du bourdon? — Qu'appelle-t-on un hyménoptère? — Comment est armée la bouche du bourdon? — De quoi se composent les sociétés des bourdons? — 127. Avec quoi peuvent piquer les abeilles, les guêpes, les bourdons? — 128. Quels produits tire-t-on des ruches des abeilles? — 129. Comment sont disposées les ailes du hanneton? — Qu'appelle-t-on un coléoptère? — Le hanneton a-t-il des métamorphoses complètes? — 130 et 131. Qu'est-ce qui a rendu célèbre une espèce de sauterelle? — Quelle est la conformation du criquet voyageur? En quoi ses ailes diffèrent-elles de celles du hanneton? — 132. Qu'appelle-t-on un insecte diptère? Quel est le plus connu des diptères? Que nomme-t-on asticots? — Comment est conformée la bouche d'une mouche?

CHAPITRE XII.

LES PLANTES QUI FLEURISSENT ET CELLES QUI NE FLEURISSENT PAS.

133. — Ressemblances et différences entre les Animaux et les Plantes. — Les *Plantes* ou *Végétaux* diffèrent des *Animaux* en ce qu'elles n'ont pas la faculté de voir, d'entendre, de goûter, de flairer les odeurs, ni de sentir les objets en les touchant. De plus, elles ne peuvent ni marcher, ni ramper, ni nager; elles ne se déplacent pas. Bien loin de là, elles sont en général fixées au sol par une partie d'elles-mêmes que l'on papelle la *racine*. Lorsque l'on veut déplacer un végétal, il faut l'arracher ou le *déraciner*. Une plante ne peut même pas agiter volontairement ses branches, ses feuilles ou ses fleurs. En un mot, les plantes sont privées de *sensibilité* et de *mouvement volontaire*.

Voici maintenant en quoi les *Animaux* et les *Végétaux* se ressemblent. Les uns comme les autres sont doués de vie. Les *Plantes* naissent d'une *graine*, que l'on peut comparer à *l'œuf*. Elles se développent, arrivent à un *âge adulte*; puis elles *vieillissent* et finissent par *mourir*. Durant leur vie, elles *se nourrissent* dans le sol par leurs racines, dans l'air par leurs feuilles. Enfin elles *se reproduisent* au moyen de leurs *graines* qui se forment dans la *fleur*, et dans le *fruit* qui en provient.

134. — Etude d'une giroflée ; la racine et le chevelu. — Allons dans un jardin : nous y trouverons bien quelque pied de *giroflée*; si c'est au printemps, la *giroflée* sera même en fleur. Remuons avec soin la terre pour détacher la *racine* sans la casser : ainsi déracinée, la *giroflée* se présente à nous avec toutes ses parties. Celle qui était enfoncée en terre se nomme la *racine*. Elle se divise en ramifications nombreuses, formant ce qu'on appelle le *chevelu*. Les plus fines de ces ramifications sont très délicates et toutes gonflées de liquide. Ce sont les *radicelles*; c'est par elles que la plante suce les liquides contenus dans la terre.

135. — La tige et les rameaux, les feuilles, les bourgeons. — Au-dessus de la racine s'élève la *tige*, qui porte des rameaux couverts de *feuilles* et de *bourgeons*. Ceux-ci se trouvent contre l'attache des *feuilles* et à l'extrémité des rameaux ou de la *tige* elle-même. Toutes ces parties, supportées par la *tige*, sont colorées en vert. Mais si la *giroflée* est en fleur, elle porte encore autre chose que ces parties vertes.

136.— Les fleurs, les fruits et les graines. — Elle porte au sommet de certains *rameaux* des *fleurs* vivement colorées en jaune veiné de brun. Si nous l'examinions ainsi pendant

l'été, les *fleurs* ont disparu ; mais il en reste quelque chose : à la place de chaque *fleur*, se dresse une sorte de bâtonnet vert, c'est le *fruit* en train de se développer, A la fin de l'été, il aura mûri ; il sera devenu sec et d'un gris jaunâtre. Il sera fendu des deux côtés opposés, et dans l'intérieur on apercevra, très régulièrement rangés, des grains noirs assez résistants, sans être secs ni complètement durs. Détachez-les, conservez-les au sec pendant tout l'hiver ; puis au mois de mars déposez-les dans un coin du jardin dont vous aurez remué et humecté la terre. Au bout d'une douzaine de jours, il sortira de petites *plantes* tendres et verdoyantes. Enlevez-en doucement une hors de terre : vous reconnaitrez qu'elle provient d'un de vos grains noirs ; il tient encore au bas de la petite *tige*, et en dessous se prolonge une jeune *racine*. Les grains noirs dont nous parlons

Fig. 111. — Rameau de Giroflée en fleur (4 fois plus petit que nature).

ont donc donné naissance à de nouvelles plantes qui, en se développant, ressembleront à la giroflée primitive. Ces grains noirs que contenait le fruit sont des *graines* de giroflée.

137. — Les herbes et les arbres. — L'examen que nous venons de faire d'un pied de giroflée nous fait connaitre les parties essentielles dont se composent les plantes.

En étudiant de même un *coquelicot*, un *œillet*, une *tulipe*, nous retrouverions sans peine les mêmes parties. Mais que diriez-vous si je vous proposais de nous adresser à un *châtaignier*. D'abord il faudrait renoncer à l'arracher ; ensuite on ne saurait songer à aller voir ce que les *branches* portent à leur sommet. Cependant nous apercevons que les *rameaux* sont couverts de *feuilles*. Au milieu de ces *feuilles*, en été et en automne, nous verrons aisément des *châtaignes* qui sont les *fruits* du châtaignier. Nous pouvons aller plus loin, tâchons d'atteindre et de détacher un rameau. En le regardant de près, nous reconnaitrons les *bourgeons* à la base des *feuilles* et au bout du *rameau*. Ce qui doit surtout vous frapper en comparant le *châtaignier* à la *giroflée*, c'est la dissemblance de leur tige. En effet, la tige du châtaignier est un *tronc d'arbre* : c'est-à-dire qu'elle est démesurément haute, très épaisse, très dure et couverte d'une écorce colorée, non pas en vert, mais en gris brunâtre. Ce que vous pouvez voir de la *racine* vous annonce qu'elle est aussi dure, épaisse et fort développée. Tout cela peut se dire en deux mots : la giroflée est une *herbe*, et le chataignier est un *arbre*. Mais placez dans la terre quelques châtaignes. Au bout d'un certain temps lèveront de petites plantes délicates comme des *herbes*, mais portant déjà des *feuilles* semblables à celles du *châtaignier*. *L'arbre* a donc été *herbe* d'abord. C'est avec le temps que la *tige* est devenue un *tronc* vigoureux. Il y a en effet une disproportion effrayante entre la durée de la vie de ces deux plantes. La *giroflée* ne dépasse

Fig. 112. — Rameau de châtaignier en fleur (un peu plus petit que nature).

guère sept ans. Le *châtaignier* vit jusqu'à trois et quatre cents ans. C'est en accumulant les années qu'il acquiert cette *tige* si grosse et si dure. Le temps lui permet d'y produire l'une des matières les plus utiles pour l'homme, le *bois*, dont les forêts sont les réservoirs naturels.

Il y a bien des *herbes* qui vivent moins longtemps que

la *giroflée*. Voyez dans nos jardins combien de plantes semées au printemps périssent en automne. Ce sont des plantes *annuelles*. D'autres vivent jusqu'à deux ans, elles sont *bisannuelles*. On appelle *vivaces* les *herbes* qui vivent trois ans et plus.

138.— Les fleurs des arbres.—Dans notre comparaison

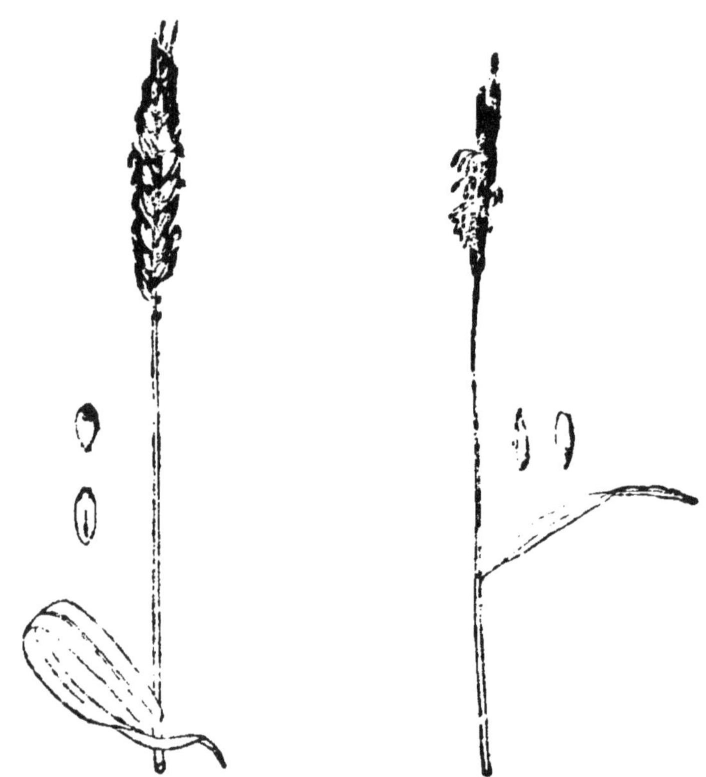

Fig. 113. — Épi de Froment en fleur (3 fois plus petit que nature).

Fig 114. — Épi de Seigle en fleur (3 fois plus petit que nature).

du *châtaignier* avec la *giroflée*, nous n'avons pas parlé des *fleurs*. Cependant les *châtaignes*, qui sont des *fruits*, doivent avoir été produits par des *fleurs* : il y en a donc ; mais elles sont petites, incolores, de sorte qu'elles se voient peu. Cependant au mois de mai vous remarquerez dans le feuillage de petites grappes d'un jaune fade : ce sont des *fleurs*.

Plusieurs de nos arbres fleurissent ainsi ; leurs fleurs, d'un vert pâle, ne frappent pas les yeux. Cependant il en

est d'autres dont la floraison est une véritable fête du printemps. Rappelez-vous de quels magnifiques bouquets
blancs ou rosés se couvrent les *pommiers*, les *poiriers*, les
pêchers, *les cerisiers*, pour nous donner en été leurs *fruits*
succulents.

139. — **Le blé en fleur**. — Certaines *herbes* ont, comme
beaucoup d'arbres, des fleurs fort peu apparentes. Vous

Fig. 115. — La Vigne en fleur (5 fois moindre que nature).

voyez chaque année des champs couverts de *blé*, de *seigle* (fig.
113 et 114), *d'orge* ou *d'avoine*. Toutes ces plantes donnent du
grain (c'est-à-dire des *graines*) dont une partie sert à les semer
l'année suivante. Avez-vous bien vu les fleurs où le grain se
forme ? Le *froment*, par exemple, le *seigle* porte au bout de
son chaume un *épi* qui se développe peu à peu et qui en
définitive vers la fin de juillet jaunit et est chargé de
graines mûrs. Quand donc a-t-il fleuri ? Regardez-le dans
la première moitié du mois de juin ; les épis sont verts,
aucune coloration brillante n'annonce la floraison. Cependant de légers filaments jaunâtres pendent hors de leurs

paillettes : c'est comme un duvet soyeux peu serré autour
de l'épi ; c'est alors que *le blé est en fleur.*

Du reste, pour nous donner le raisin la vigne ne se couvre
pas non plus de fleurs brillantes. Cependant vous y trouverez, au mois de juin également, des fleurs vertes, petites,
mais bien reconnaissables.

140. — Les plantes où il n'y a réellement pas de fleurs.
— De tout ce que nous venons de dire, vous serez portés à con-

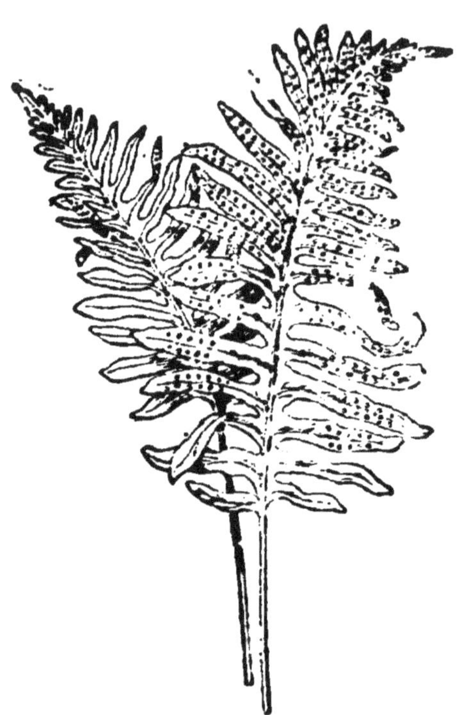

Fis. 116. — Une Fougère, plante qui n'a pas de
fleurs (5 fois plus petite que nature).

Fig. 117. — Une Mousse,
plante qui n'a pas de
fleurs (moitié moindre que
nature).

clure que toutes les plantes ont des fleurs ; ce serait une
erreur complète. Connaissez-vous les *fougères*, les *mousses*,
les *champignons* ? Voilà des plantes *qui n'ont ni fleurs, ni
fruits.* Les *fougères* portent sous leurs feuilles, vers la fin
de l'été, des séries de *poches* brunes, qui s'ouvrent d'elles-
mêmes lorsqu'elles sont mûres et d'où sort une poussière
qui reproduit la plante. Dans les *mousses*, cette poussière

reproductrice se trouve dans des espèces de petites urnes élevées sur des filaments qui dominent la plante. Dans beaucoup de nos *champignons*, cette même poussière se produit sous le chapeau, qui est la partie la plus visible de ces singuliers végétaux.

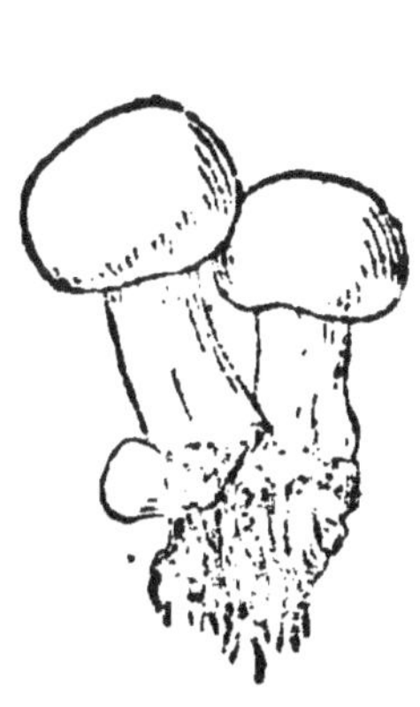

Fig. 118. — Des Champignons encore jeunes (moitié de grandeur naturelle).

Fig. 119. — Un Champignon (moitié de grandeur naturelle).

141. — Les Phanérogames et les Cryptogames. — Cette différence entre les végétaux qui ont des fleurs et des fruits et ceux qui n'ont pas de fleurs permet d'établir deux grandes divisions : 1° végétaux *Phanérogames*, c'est-à-dire à fleurs visibles ; 2° végétaux *Cryptogames*, c'est-à-dire où l'on ne voit pas de fleurs. Le nombre des plantes *Phanérogames* est beaucoup plus considérable que celui des *Cryptogames*. L'immense majorité des plantes que nous voyons autour de nous appartient à la première division.

RÉSUMÉ DU CHAPITRE XII.

133. — Les plantes, ou végétaux, sont dépourvues de la faculté de sentir et de celle de se mouvoir volontairement. — Elles naissent d'une graine, comme les animaux naissent d'un œuf. — Comme ceux-ci, elles ne vivent qu'un certain temps et doivent mourir. — Comme ceux-ci, elles se nourrissent tout le temps de leur vie.

134. — Dans une giroflée on trouve : une racine avec son chevelu ; les radicelles servent à absorber les sucs de la terre.

135. — Au-dessus de la racine, on voit la tige portant des feuilles et des bourgeons. — Les feuilles, les bourgeons et les parties jeunes de la tige sont vertes.

136. — Dans la saison des fleurs, la giroflée porte les siennes au sommet de certains rameaux ; chaque fleur donne un fruit ; lorsque le fruit sera mûr, on y trouvera des graines. — Une de ces graines, mise en terre, germera et donnera naissance à une petite giroflée.

137. — Parmi les plantes, on distingue facilement des herbes et des arbres. — Ce qui distingue les arbres, c'est que leur tige et leurs branches les plus anciennes sont devenues du bois. — Les arbres ont tous commencé par être des herbes ; le développement du bois se fait avec le temps. — Les herbes qui ne produisen· pas de bois vivent très peu de temps, comparativement aux arbres. — Selon leur durée, les herbes sont annuelles bisannuelles ou vivaces.

138. — Les arbres fleurissent aussi bien que les herbes ; tantôt leurs fleurs sont d'un aspect brillant, tantôt on les distingue à peine.

139. — Certaines herbes ont des fleurs peu apparentes : tel est le froment, le seigle, l'orge, l'avoine. — Les fleurs de la vigne sont encore peu remarquables.

140. — Il y a des plantes qui réellement n'ont pas de fleurs ; par conséquent elles n'ont pas de fruits: tels sont les champignons, les mousses, les fougères.

141. — Cette différence a une très grande importance, et à cause de cela on partage les plantes en deux grandes divisions : Phanérogames ou végétaux à fleurs ; Cryptogames, ou végétaux sans fleurs. — Les Phanérogames sont les végétaux que nous rencontrons le plus communément.

QUESTIONNAIRE.

133. Les végétaux sont-ils des corps vivants ? — Pourquoi les considère-t-on comme vivants ? — Quelles sont les facultés naturelles que les plantes possèdent aussi bien que les animaux ? — 134. Qu'appelle-t-on la racine dans un pied de giroflée ? — De quoi se compose-t-elle ? — 135. Qu'est-ce que la tige ? — Que porte-t-elle ? — 136. Que porte au printemps le pied de giroflée, outre les feuilles et les bourgeons ? — Que produisent les fleurs ? — Que renferme le fruit ? — Que produit la graine ? — 137. Qu'appelle-t-on herbes et arbres ? — Qu'est-ce qui les distingue ? — 138. Les arbres fleurissent-ils comme les graines ? — 139. Toutes les herbes ont-elles des fleurs remarquables ? — 140. Existe-t-il des plantes qui n'ont pas de fleurs ? — Ont-elles des fruits et des graines ? — 141. Qu'appelle-t-on végétaux Phanérogames ? — Qu'appelle-t-on Cryptogames ? — Quels sont les végétaux le plus communément répandus ?

CHAPITRE XIII.

LES TROIS TYPES DU RÈGNE VÉGÉTAL.

142. — Les feuilles ont des nervures parallèles ou disposées en réseau. — Si vous examinez dans un jardin les plantes qu'on y cultive le plus communement, vous y trouverez à coup sûr des *tulipes*, des *lys*, des *iris*, des *œillets*, des *pivoines*, des *rosiers*. Nous allons comparer ensemble les feuillages de ces plantes.

La *tulipe* porte des *feuilles* larges à la base et qui vont en pointe vers l'extrémité. Elles sont épaisses et on distingue sur l'une ou l'autre de leurs faces des lignes un peu saillantes. Ces *nervures* partent du bas de la feuille et se dirigent *parallèlement* aux bords, vers la pointe. Il est bon de remarquer encore que la forme générale de la feuille est très simple. Les bords ne présentent ni dentelures ni échancrures. Les feuilles de *maïs* (fig. 120), de *roseau*, de *froment*, d'*orge*, sont conformées de même.

Fig. 120. — Une feuille de Maïs; exemple de feuille à nervures parallèles d'une plante monocotylédone (10 fois moindre que nature).

Les *feuilles* du *lys* sont moins grandes, plus minces et beaucoup moins élargies par le bas. Elles présentent aussi des *nervures parallèles entre elles*. Les feuilles de l'*iris* vont nous montrer bien plus nettement les mêmes dispositions. Elles sont grandes; elles ont une forme semblable à celle d'une lame de sabre, et l'on y découvre sans peine des *nervures toutes parallèles* du bas jusqu'au sommet de la *feuille*.

Passons maintenant aux *feuilles* de l'orme. Elles sont taillées en forme de cœur ; on y distingue facilement (fig. 121) les *nervures*, mais *elles ne sont plus parallèles entre elles*; elles ne sont pas toutes de la même grosseur, et les plus fines s'entre-croisent entre elles de façon à former un *réseau*. Les feuilles de l'*œillet*, de forme très simple et de consistance assez épaisse , présentent néanmoins des *nervures en réseau* , comme les précédentes.

Les *feuilles* de *pivoines* (fig. 122) ont une forme beaucoup plus compliquée. De larges échancrures les partagent en plusieurs parties. Quant à leurs nervures, elles montrent aussi une disposition *en réseau*.

Enfin la feuille du *rosier* (fig. 123) est encore bien plus compliquée. Elle se compose dans son ensemble de cinq petites feuilles ou *folioles* finement dentées sur leurs bords. Les *nervures* ont, dans chaque *foliole*, la même apparence. Au milieu, une *grosse nervure* dirigée de la base à la pointe. Par chacun de ses côtes, elle donne naissance à d'autres *nervures* un peu moins fortes. Enfin un *réseau* de nervures plus fines réunit entre elles ces nervures principales.

Fig. 121. — Une feuille d'Orme ; exemple de la conformation d'une plante dicotylédone (un peu moins grands que nature)

Cette étude nous montre une différence tranchée dans le feuillage des *plantes Phanérogames. Les unes ont des nervures parallèles*, ne se joignant pas entre elles par un réseau de nervures plus fines. Les autres au contraire ont un *système de nervures formant un réseau compliqué.*

43. — Il y a deux grands groupes parmi les plantes Phanérogames. — Cette différence de conformation des feuilles nous indique deux grands groupes parmi les végétaux *Phanérogames* : 1° les *Monocotylédones*, tels que la *tulipe*, le *lys*, l'*iris*, l'*oignon*, la *jacinthe*, le *blé*, le *seigle*, le *maïs*, l'*avoine* ; 2° les *Dicotylédones*, tels que le *coquelicot*, la *giroflée*, l'*œillet*, le *pois de senteur*, le *rosier*, le *cerisier*, le *poirier*, l'*orme*, le *chêne*, etc.

L'embranchement ou *type des Dicotylédones* est beaucoup plus nombreux que celui des *Monocotylédones*. Mais tous deux comprennent des espèces non moins intéressantes les unes que les autres. Dans le *type des Monocotylédones* se trouve la plante qui nous donne du pain, celle dont se nourrit surtout le cheval, l'une de celles qui produisent le sucre et plusieurs autres qui nous fournissent des mets agréables. Le *type des Dicotylédones* nous fournit presque tous nos fruits de table, nos salades, nos légumes farineux, une grande partie des fourrages, le sucre indigène, nos bois de chauffage et de construction.

FIG. 122. — Une feuille de Pivoine ; plante dicotylédone (3 fois plus petite que nature).

Fig. 123. — Une feuille de Rosier, plante dicotylédone (3 fois plus petite que nature).

44. — Caractères des deux types de plantes Phanérogames; troncs et stipes. — Lorsqu'on étudie comparativement des plantes *Monocotylédones* et des *Dicotylédones*, on reconnaît des différences dans presque toutes les parties. Du *feuillage*, passons à la conformation de la *tige* chez les espèces qui vivent assez longtemps pour que leur *tige* passe à l'état de *bois*. Les *arbres dicotylédones* ont un *tronc* (fig. 124); c'est une *tige ligneuse*, c'est-à-dire passée à l'état de *bois*, plus épaisse à sa base et qui s'amincit peu à peu jusqu'à son sommet. En outre, elle porte des branches ramifiées elles-mêmes jusques aux *feuilles*. Le *tronc* et ses branches sont recouverts d'*écorce*. Sous l'écorce on trouve le *bois*, qui est formé de *couches régulières s'enveloppant les unes les autres*. Il en résulte que, dans un *tronc* coupé en travers, les *couches du bois* se montrent comme des *cercles emboîtés les uns dans les autres*. Enfin le *bois* n'est pas partout également dur; mais la *dureté augmente de dehors en dedans*. On peut surtout vérifier ces faits en examinant un *chêne*, un *hêtre*, un *frêne*, un *pin*, un *pommier*, un *cerisier*. La disposition de l'*écorce* et du *bois* est facile à constater dans des bûches de diverses essences, *châtaignier*, *chêne*, etc.

Fig. 121. — Un arbre du type des Dicotylédones, le Bouleau blanc (hauteur : 13 mètres) ; exemple d'un tronc.

Les *arbres monocotylédones* ne croissent pas dans nos pays. Leur bois, bien inférieur à celui de nos contrées, n'est pas employé chez nous. Nous nous bornerons à prendre une idée de ce qu'est la tige des *palmiers*, grands *arbres monocotylédones* des pays chauds. A peine en voit-on quelques-uns en pleine terre sur les côtes de la Provence ou du Languedoc. Autrement nous ne pouvons les rencon-

Fig. 125. — Un arbre du type des Monocotylédones, le Dattier (hauteur : 12 mètres) exemple d'un stipe.

trer en France que plantés dans de grandes caisses; car il faut, l'hiver, les rentrer dans des *serres*, hauts bâtiments de fer et de vitres, où l'on ne cesse de les chauffer tant que ne règne pas au dehors une chaleur comparable à celle de leur pays natal. La *tige* d'un *palmier* a reçu le nom spécial de *stipe* (fig. 125) ; elle a partout une même épaisseur ; elle ne se ramifie pas et se termine par un seul bouquet touffu de *feuilles* souvent très grandes. Quant à la disposition du bois des *stipes*, elle ne ressemble en rien à celle des *troncs* : pas d'écorce distincte, *pas de bois en couches irrégulières*. Enfin dans le *stipe*, c'est au centre qu'est le bois le moins dur. Chez quelques arbres *monocotylédones*, tels que les *bambous* qui forment de belles forêts dans les Indes, le *stipe* est complètement creux intérieurement.

145. — La graine, l'embryon et ses cotylédons. — La différence essentielle entre les *Monocotylédones* et les *Dicotylédones* se trouve dans la conformation des graines. Pour la bien comprendre, examinons d'abord la *graine* d'un *végétal dicotylédone*. Prenons, je suppose, une *amande* que nous aurons débarrassée de son bois. Elle se présente à nous avec une coloration d'un brun clair : enlevons cette peau brunâtre qui la recouvre, l'a-

Fig. 126. — Une amande épluchée (grandeur naturelle).

Fig. 127. — Amande dont on a écarté les deux cotylédons pour voir la plantule (gr. naturelle.)

mande se montre à nu avec une blancheur éclatante (fig. 126) ; nous reconnaissons qu'elle est naturellement composée de deux moitiés appliquées l'une contre l'autre, mais bien distinctes (fig. 127). Cependant, vers l'extrémité pointue de l'amande, ces deux moitiés se tiennent en un point. Là nous distinguons un petit corps qui tient aux deux moitiés de l'amande. C'est le *germe* ou *plantule*. Regardez le avec soin : vous y distinguerez une pointe inférieure qui est la petite racine

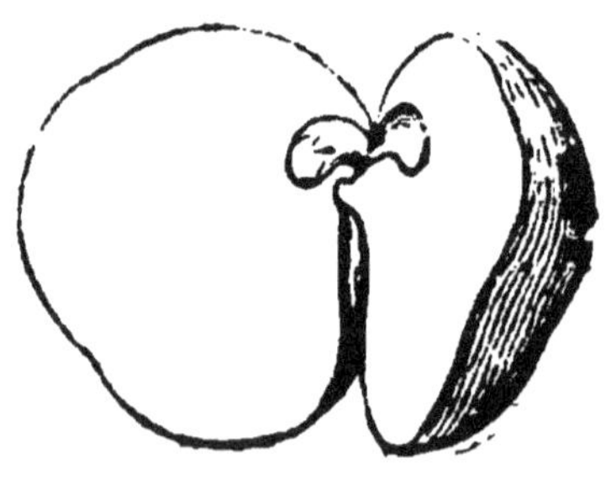

Fig. 128. — Un Pois épluché ; les cotylédons écartés montrant la plantule (3 fois gros comme nature).

guerez une pointe inférieure qui est la petite racine ou *radicule* ; puis, en de n tout petit bourgeon sur montant une tige longue à peine d'un demi-millimètre : c'est la *gemmule* au bout de la *tigelle*. C'est à la jonction de la *tigelle* avec la *radicule* que tiennent les deux moitiés blanches de l'amande. En s'appliquant l'une contre l'autre, elles cachent la *tigelle* et la *gemmule*, et l'on ne voit que la *radicule* formant la pointe de l'amande. Ces deux gros corps blancs s'appellent les *cotylédons*, et c'est parce qu'il y en a *deux* que les plantes dont la graine est ainsi faite, portent le nom de *plantes dicotylédones*. Le nom de *monocotylédones*, appliqué à l'autre type, veut dire au contraire que, dans cette seconde catégorie de plantes, il n'existe qu'*un seul cotylédon*.

146. — Répartition des végétaux en trois types. — En résumé, toutes les observations que nous avons faites chez diverses plantes nous mettent à même de comprendre que *le règne végétal se divise en trois types* dont nous connaissons maintenant les noms, assez nouveaux pour vous. Ce sont : les *Dicotylédones*, les *Monocotylédones* et les *Cryptogames*.

RÉSUMÉ DU CHAPITRE XIII.

142. — Certaines plantes ont dans leurs feuilles des nervures parallèles entre elles : telles sont le lys, la tulipe, l'iris, le blé, le seigle, le maïs. — D'autres plantes ont dans leurs feuilles des nervures ramifiées formant un fin réseau : telles sont la giroflée, la pivoine, l'œillet, le rosier, l'orme, le chêne et tous nos arbres.

143. — Les Phanérogames, dont les feuilles ont les nervures parallèles, sont de l'embranchement des Monocotylédones ; les Phanérogames dont les feuilles ont des nervures disposées en réseau sont de l'embranchement des Dicotylédones.

144. — Le bois des Monocotylédones qui deviennent en arbres, diffère de celui des Dicotylédones, qui forment seuls nos forêts d'Europe. — La tige ligneuse de nos arbres est un tronc ; on y distingue une écorce enveloppant le bois ; celui-ci est formé de couches régulières qui s'enveloppent les unes les autres, et leur dureté va en augmentant de l'extérieur vers le centre. — La tige ligneuse des Monocotylédones est un stipe ; elle n'a pas d'écorce, et le bois le plus dur est en dehors, tandis que le centre est plus mou ou même tout à fait creux.

145. — La différence qui sépare le mieux les Monocotylédones des Dicotylédones se trouve dans la conformation de la graine. — Ainsi, dans une amande, graine de l'amandier, se rencontre un embryon pourvu de deux cotylédons ; c'est une graine dicotylédone.

— Une graine dont l'embryon n'a qu'un cotylédon est au contraire monocotylédone.

146. — Toutes les plantes se divisent donc en trois embranchements : 1° Dicotylédones, 2° Monocotylédones, 3° Cryptogames.

QUESTIONNAIRE.

142. Quelle différence de disposition présentent les nervures des feuilles chez les plantes Phanérogames ? — 143 Comment sont les feuilles des Monocotylédones ? — Comment sont celles des Dicotylédones ? — 144. Qu'appelle-t-on un tronc ? — Qu'appelle-t-on un stipe ? — Dans quel embranchement observe-t-on des troncs ? — Dans quel autre des stipes ? — Comment est conformé le tronc ? — En quoi le stipe en diffère-t-il ? — 145. Comment est conformée la graine d'une plante de l'embranchement des dicotylédones ? — Quelle différence observe-t-on dans celle d'une plante monocotylédone ? — 146. Quels sont les trois embranchements ou types qui composent le règne végétal ?

CHAPITRE XIV.

LA FLEUR ET LES TYPES DE FAMILLES.

147. — Ce qu'on appelle une famille de plantes. — Au moyen des ressemblances de conformation que présentent certaines plantes, on a pu, dans chaque *type*, former des *familles* c'est-à-dire des groupes d'espèces végétales entre lesquelles la ressemblance établit une sorte de parenté, ce qu'on pourrait appeler un air de famille. Ainsi le *poirier*, le *cognassier*, le *pommier*, le *néflier* sont des plantes de *même famille*. Le *haricot*, le *pois*, la *fève de marais*, la *lentille* sont d'une *autre famille*. Les *pins*, les *sapins*, les *cyprès*, les *ifs*, les *cèdres*, les *mélèzes* vont dans une *troisième famille*.

Malheureusement il y a ainsi un grand nombre de *familles* dans chaque *type*; mais rassurez-vous, il ne s'agit ici de vous donner une idée que de quelques-unes des plus importantes. Le *nom* que porte chacune de ces familles est souvent tiré de la *plante la plus commune* qui en est l'exemple le meilleur, ou, comme on dit, le *type*; d'autres fois le nom vient de la *disposition des fleurs* ou de celle *des fruits*. Quoi qu'il en soit, pour prendre une idée des familles, il faut avoir étudié la conformation des *fleurs* et des *fruits*.

148. — La fleur du bouton d'or; calice et corolle. — La *fleur* d'une plante se montre d'abord à l'état de *bourgeon*; mais c'est un *bourgeon* d'un aspect tout spécial et qu'on ne saurait confondre avec les autres, aussi lui donne-t-on le nom de *bouton*. Lorsque ce *bourgeon* s'épanouira, ce sera la *fleur*, et l'on y distinguera plusieurs sortes de parties différentes. Prenons, je suppose, cette jolie *fleur*, si commune dans la belle saison, au milieu des prés humides, et que l'on nomme vulgairement le *bouton d'or*, dont le nom véritable est la *renoncule âcre*. Tâchons de distinguer les diverses parties de cette fleur. Il y a un sérieux intérêt à le faire, car il existe une famille de *Renonculacées* ; c'est même une des grandes familles du *type des Dicotylédones*. Voyons donc notre fleur de *bouton d'or* (fig. 129).

Fig. 129. — Une fleur de Bouton d'or ou Renoncule âcre (grandeur naturelle) ; on y distingue : la corolle composée de cinq pétales, les étamines et les pistils.

D'abord la fleur est portée au bout d'une queue qui s'appelle le *pédoncule*. Au sommet de ce *pédoncule*, la première partie de la *fleur* que nous apercevons est une couronne de petites feuilles vertes, effilées en pointe et au *nombre de cinq*. C'est l'enveloppe la plus extérieure de la *fleur*, le *calice* composé de cinq petites feuilles nommées *sépales*. Dans le *calice*, et le

Fig. 130. — Un pied de Bouton d'or (4 fois plus petit que nature). — Famille des Renonculacées.

dépassant de beaucoup, s'étale une seconde couronne ou enveloppe, qui s'appelle la *corolle*. C'est la partie la plus belle, la plus apparente de la *fleur*. Dans la *renoncule acre*, elle est d'un jaune éclatant ; sa forme est à peu près celle d'une petite coupe : aussi la *fleur* s'appelle aussi bien, dans la langue populaire, *bassinet* ou *bassin* que *bouton d'or*. La *corolle* se compose de *cinq feuilles* jaunes auxquelles on donne le nom de *pétales*. Voilà ce que l'on nomme les *enveloppes florales*. Mais ce ne sont pas là en réalité les parties essentielles de la fleur.

149. — Les étamines et les pistils. — La floraison n'a qu'un but, produire le *fruit* dans lequel se produit la *graine*. Ni le *calice* ni la *corolle* ne peuvent remplir cet objet. Ce sont des parties plus intérieures de la *fleur*, et que l'on désigne sous le nom général d'*organes de la fructification*. Ces organes sont de deux sortes : les *étamines*, et les *pistils*. Les *pistils* occupent le centre de la fleur. Les *étamines* les entourent, formant une sorte de cercle autour d'eux.

Prenons une de ces *étamines* ; elle est composée d'un support, appelé *filet*, terminé par un corps jaune que l'on nomme *anthère*. On y aperçoit deux renflements, ou *loges*, remplis d'une fine poussière jaune que l'on nomme le *pollen*. Les *loges* crèvent quand la *fleur* est bien épanouie, et les *pistils* sont largement arrosés de *pollen*.

Pour que le développement des *fruits* ait lieu, il est nécessaire que le *pollen* se répande ainsi sur les *pistils*. La *floraison* a précisément cela pour but.

150. — La fleur complète possède quatre sortes de parties. — La *fleur* de la *renoncule* est ce que l'on nomme une *fleur complète* : c'est-à-dire qu'on y trouve toutes les parties que peut présenter la fleur la plus compliquée, savoir : *deux enveloppes florales*, des *étamines* et des *pistils*. De plus, la *corolle* de la renoncule se compose de cinq *pétales*, bien séparés l'un de l'autre : c'est ce que l'on nomme une *corolle dialypétale* (à pétales séparés).

151. — Famille des Renonculacées. — Les *renoncules* servent de types à une grande famille de plantes conformées sur le même plan. On lui a donné le nom de *Renonculacées* : c'est comme si l'on disait : *famille des genres de plantes qui ressemblent aux renoncules*. Là sont classés les *anémones*, les *clématites*, les *nigelles*, les *pieds-d'alouette*, les *pivoines*, que l'on rencontre communément dans nos jardins. Ce sont des plantes herbacées à feuilles très découpées : les unes vivaces, les autres annuelles. Leurs fleurs sont de couleurs variées ; beaucoup d'entr'elles sont des plantes d'ornement; quelques-unes, comme les aconits, les *hellébores*, renferment un poison actif. Le suc des *renoncules*, des *anémones*, des *clématites* est âcre et irritant.

152. — La fleur du coucou ou primerolle. — Jetons maintenant les yeux sur une jolie *fleur* jaune qui, aux premières semaines du printemps, couvre de ses bouquets les prairies, les clairières des bois et les rebords même de nos chemins. C'est la *primevère officinale*, vulgairement nommée *coucou*, ou *primerolle*. Son nom de *primevère* signifie : la *première du printemps*. La *plante* qui produit ces *fleurs* est une *herbe vivace* qui s'élève peu au-dessus de terre. Les *fleurs* sont réunies en une sorte de bouquet, au bout d'un support commun appelé *hampe*. Chacune d'elles est portée sur un *pédoncule* naissant du sommet de la *hampe*, et tous ces *pédoncules* ont la même longueur, de sorte que les fleurs s'élèvent toutes à la même hauteur : cette disposition des fleurs est désignée sous le nom d'*ombelle*.

Fig. 131. — Une Primevère (10 fois moindre que nature). — Famille des Primulacées.

153. — Corolle gamopétale. — Analysons maintenant

Fig. 132. — Calice isolé de la Primevère : le pistil reste seul en dedans (2/3 moindre que nature).

Fig. 133. — Fleur entière de la Primevère (moitié moindre que nature).

une des fleurs. Nous y trouvons un *calice* dont les cinq *sépales* sont *soudés* entre eux. Cela forme une sorte de cloche dont le bord porte cinq dentelures. La *corolle* est également d'une seule pièce ; ses pétales sont soudés : c'est ce qu'on appelle une corolle *gamopétale*. Ce mot, qui signifie à *pétales réunis*, s'oppose à *dialypétale*, qui veut dire à *pétales séparés*. Cette *corolle* formant comme un tube surmonté de cinq divisions, enveloppe les *organes de la fructification* : cinq *étamines* à filets très courts, fixées intérieurement sur la corolle ; un *pistil* unique occupant le centre de la *fleur*. En résumé, la *primevère* a, comme la *renoncule*, une *fleur complète*. La grande différence entre elles, c'est que la *primevère* a une *corolle gamopétale*, tandis que la *corolle* est *dialypétale* dans la *renoncule*.

Fig. 134. — Corolle, de la Primevère, isolée fendue et étalée pour montrer les étamines (moitié moindre que nature).

154. — Famille des Primulacées. — Les *primevères* constituent un genre de plantes élégantes d'aspect, brillantes par les formes et les couleurs des fleurs. Elles sont très recherchées dans les jardins d'agrément ; la *primevère oreille d'ours* les orne de ses nombreuses variétés. Autour de ce genre s'en groupent un certain nombre d'autres qui forment avec lui la petite famille des *Primulacées* ou *genres de plantes ressemblant aux primevères*.

La famille des *Renonculacées* appartient à la division des *Dicotylédones dialypétales* ; celle des *Primulacées*, aux *Dicotylédones gamopétales*. Nous allons voir un type se rapportant à une troisième division, les *Dicotylédones apétales*.

155. — La fleur incomplète du blé noir. — Voici maintenant une autre conformation de la fleur. Dans les pays pauvres, où le blé proprement dit ne trouve pas une terre assez riche pour prospérer, on cultive, pour le remplacer tant bien que mal, une *plante dicotylédone*, que l'on appelle *sarrasin* ou *blé noir* (vulgairement *carabin* ou *bucail*). Le nom de *sarrasin* rappelle que cette plante nous est venue autrefois de la Perse ; quant au nom de *blé noir*, il provient de ce que le fruit est noir à l'extérieur, blanc et farineux en dedans, et de ce qu'on l'emploie pour faire un misérable pain. Cette farine réussit mieux en galettes et en bouillie. La *plante* est une *herbe* haute, souvent de près d'un demi-mètre. Ses tiges, partiellement colorées en rose, portent des bouquets de petites *fleurs* blanches ou roses. En examinant l'une d'elles (fig. 135-A), on y aperçoit de *cinq* à *neuf*, le plus souvent *huit étamines* entourant un *seul pistil.* Quant aux *enveloppes florales, il n'y en a* qu'une. On ne peut donc distinguer ici un *calice* ou une *corolle; la fleur est incomplète.*

Ce n'est pas seulement dans certaines familles de *plantes Dicotylédones* qu'on trouve une seule enveloppe florale, cette disposition est générale dans les familles dans le *type des Monocotylédones. Aucune fleur de ce dernier type ne possède deux enveloppes florales.*

156. — Famille des Polygonées. — Le *sarrasin* est une plante du genre des *renouées;* la *persicaire,* la *bistorte,* le *poivre d'eau,* renouée âcre ou *curage,* la *trainasse* ou *renouée des oiseaux,* en sont également; les *oseilles* et les *rhubarbes* sont assez semblables

Fig. 135. — Rameau en fleur de Sarrasin (6 fois moindre que nature). — Famille des Polygonées.

aux *renouées* pour être rangées avec elles dans une même famille sous le nom de *Polygonées.* Ce nom rappelle le genre type, car la *renouée* se nomme en latin *polygonum:* L'*oseille commune* ou des *jardins* est une des plantes les plus connues de cette famille à cause de l'usage que l'on en fait dans la cuisine. Les *rhubarbes* sont employées en médecine comme légèrement purgatives; ce sont les racines séchées et réduites en poudre. Le commerce nous les apporte principalement de la Chine.

La famille des *Polygonées* fait partie de la division des *Dicotylédones apétales.*

Nous passerons en revue, dans chacun des trois groupes dont nous avons étudié un exemple, quelques *familles* les plus remarquables par les *espèces utiles* ou *nuisibles* qu'elles comprennent.

RÉSUMÉ DU CHAPITRE XIV.

147. — On classe les plantes qui composent un même type en familles, d'après l'ensemble de leurs ressemblances. — Le type des Dicotylédones renferme beaucoup plus de familles que chacun des deux autres. — Le nom d'une famille est habituellement tiré d'une plante commune qui en offre le type, de la disposition des fleurs ou de la conformation des fruits.

148. — La fleur se montre d'abord en bouton ; puis elle s'épanouit. — La queue qui la porte se nomme le pédoncule. — Celui-ci se termine par le calice, formé de sépales ; en dedans du calice est la corolle, composée de pétales.

149. — Le calice et la corolle sont les enveloppes des organes de la fructification. — Ceux-ci sont de deux sortes : au centre de la fleur le ou les pistils ; et autour les étamines. — Une étamine est formée de deux parties : le filet et l'anthère. — C'est le pollen des étamines qui provoque le développement du fruit.

150. — Une fleur complète est celle qui possède les quatre sortes d'organes : pistil, étamine, corolle et calice. — Quand la corolle se compose de pétales libres et distincts les uns des autres, c'est une corolle dialypétale.

151. — La famille des Renonculacées a pour types les renoncules, dont l'espèce la plus commune est vulgairement connue sous le nom de bouton d'or. — Ce sont des plantes herbacées dont les fleurs ont généralement de l'éclat, comme les anémones, les clématites, les nigelles, les pivoines, les pieds-d'alouette ; les aconits et les hellébores sont des plantes vénéneuses.

152. — Les fleurs de la primevère commune ou coucou sont réunies au bout d'une hampe pour former une ombelle.

153. — Cette fleur est complète ; mais la corolle est d'une seule pièce, parce que les cinq pétales sont soudés entre eux ; c'est une corolle gamopétale. — En dedans on trouve cinq étamines et un seul pistil.

154. — La famille des Primulacées a pour type les primevères, qui sont des plantes d'ornement. — Les Renonculacées appartiennent à la division des Dicotylédones dialypétales. — Les Primulacées appartiennent à la division des Dicotylédones gamopétales.

155. — Le sarrasin, ou blé noir, a une fleur incomplète ; on n'y trouve qu'une seule enveloppe florale. — Cette plante donne une graine qui, dans certains pays pauvres, est réduite en farine et sert à faire du pain.

156. — La famille des Polygonées a pour types les renouées, dont les plus communes sont le curage ou la traînasse. Le sarrasin est une espèce de renouée. — Les plantes les plus connues de cette famille, avec le sarrasin, sont l'oseille et les rhubarbes. — La famille des Polygonées appartient à la division des Dicotylédones à pétales.

QUESTIONNAIRE.

147. Qu'appelle-t-on une famille de plantes ? — D'où tire-t-on habituellement son nom ? — 148. Sous quelle forme la fleur paraît-elle d'abord ? — Que nomme-t-on le pédoncule ? — Qu'appelle-t-on les enveloppes florales ? — Y en a-t-il plusieurs ? — Comment nomme-

tion les pièces du calice ? de la corolle ? — 149. Qu'y a-t-il dans les enveloppes florales ? — Quels sont les organes de la fructification ? — De quoi se compose une étamine ? — A quoi sert le pollen ? — 150. Qu'appelle-t-on une fleur complète ? — Qu'est-ce qu'une corolle dialypétale ? — 151. A quelle famille les renoncules servent-elles de types ? — Quelles plantes de cette famille pouvez-vous citer ? — 152. Comment sont groupées les fleurs de primevères ? — Qu'appelle-t-on une ombelle ? — 153. Qu'appelle-t-on corolle gamopétale ? — 154. Qu'est-ce que la famille des Primulacées ? — 155. En quoi la fleur du blé noir est-elle incomplète ? — 156. A quelle famille les renouées servent-elles de types ? — Quelle plante commune y peut-on citer ? — Qu'appelle-t-on divisions des Dialypétales, des Gamopétales et des Apétales ?

CHAPITRE XV.

LES DICOTYLÉDONES DIALYPÉTALES.

157. — Famille des Papavéracées. — Voici la famille des *pavots* (en latin *papaver*), la famille des plantes qui provoquent le sommeil. Les *pavots* sont communs dans nos champs ; mais le plus commun est le *coquelicot*, si fréquent dans les moissons, où ses belles corolles rouges tranchent vivement sur la couleur blonde du blé mûri.

Fig. 136. — Une fleur de Coquelicot (moitié moindre que nature). — Famille des Papavéracées.

Les *Papavéracées* sont des herbes à *feuillage* profondément *découpé*. La *fleur*, souvent assez grosse, est colorée en rouge, en violet ou en jaune. Le *calice* se compose de *deux sépales* qui tombent ordinairement lorsque la fleur s'épanouit. La *corolle* a seulement *quatre pétales*, largement développés. Les *étamines* sont très nombreuses ; dans les *pavots*, le *pistil* est gros et en forme de petite urne ; il donne pour *fruit* une capsule remplie de petites *graines* qui renferment de l'*huile* ; on l'emploie à divers usages, sous le nom d'*huile d'œillette*. Toutes les *Papavéracées* possèdent un suc épais ; celui des *pavots* sert pour préparer l'*opium*, matière vénéneuse qui calme et amortit la sensibilité.

158. — Famille des Crucifères. — Le nom de cette famille signifie *porte-croix* ; il rappelle la forme de la *corolle* composée de *quatre pétales* opposées deux à deux comme les quatre bras d'une croix. Les *étamines* sont au nombre de six, dont *deux plus courtes* que les quatre autres : elles entourent un pistil à deux loges, qui plus tard produit un

Fig. 131. — Un fruit mûr en tête de Pavot (3 fois moindre que nature).

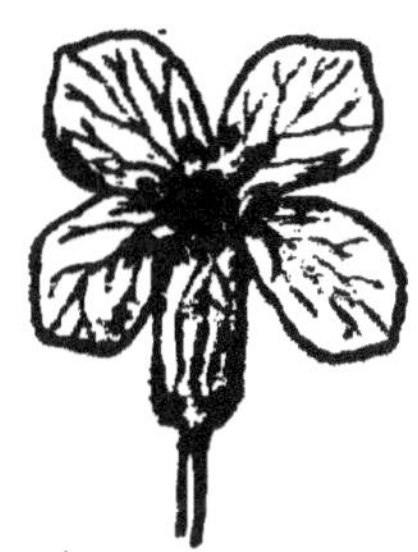

Fig. 133. — Une fleur de Giroflée (2/3 de la grandeur naturelle). — Famille des Crucifères.

fruit sec, renfermant dans ses deux loges, plusieurs graines riches en huile.

Les *giroflées* nous présentent le *type* des *Crucifères*; autour d'elles, se rangent beaucoup de plantes utiles comme légumes alimentaires: ce sont les *radis*, les *raiforts*, les *raves*, les *navets*, les *choux*, le *cresson*. C'est une espèce de *chou* qui nous fournit l'*huile de colza* ou *huile à brûler*. La moutarde contient dans ses graines un principe d'une odeur piquante. On l'emploie pour préparer l'assaisonnement qui a pris le nom de la plante.

159. — Famille des Linées. — Les *lins* forment une petite famille très importante à cause de l'espèce qui nous fournit les fibres précieuses avec lesquelles on tisse le

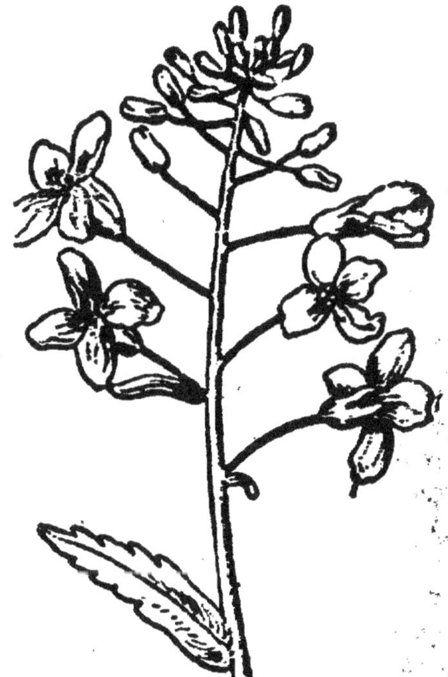

Fig. 132. — Un rameau en fleur de Colza (un peu plus petit que nature).

linge. Ce mot lui-même est tiré du nom de la plante. Tout notre *linge* dit *de fil* provient de fibres extraites de l'écorce du *lin commun*. C'est une modeste plante, gracieuse et fine, avec sa *tige* menue, portant de petites *feuilles* d'un vert tendre et couronnée de jolies *fleurs* d'un bleu clair. La *corolle* se compose de *cinq* larges *pétales* formant une belle rosace régulière creusée en clochette ; au milieu, *dix étamines* entourent le *pistil*. Il en provient un *fruit* disposé en une capsule qui renferme *dix graines* d'un brun clair. Tout le monde connaît la *graine de lin*, dont la farine sert à faire des cataplasmes calmants et dont on extrait l'*huile de lin*, employée dans la peinture.

160. — Famille des Caryophyllées. — *Les œillets*, ces gracieuses plantes d'ornement, sont les types de la famille des *Caryophyllées*. Leurs *fleurs*, dans un *calice* de *cinq sépales* soudés en une sorte de long étui, renferment une corolle composée de *cinq pétales* étalés en rosette au bout du calice. *Dix étamines* autour d'un *pistil d'une seule pièce* complètent cette fleur. L'*œillet superbe*, l'*œillet des fleuristes* sont de magnifiques fleurs de jardin ; le dernier est doué d'une odeur délicieuse.

Fig. 149. — Un pied de Lin commun (3 fois plus petit que nature). — Famille des Linées.

On trouve abondamment, pendant l'été, aux bords des champs, des fossés et dans les haies, la *saponaire*, à fleurs, roses ou blanches, légèrement odorantes ; sa racine agitée dans l'eau lui donne l'aspect mousseux de l'eau de savon ; on l'emploie parfois pour blanchir le linge. La *nielle des blés*, qui, avec le *coquelicot* et le *bleuet*, pullule dans nos champs lorsque la moisson approche, est encore une *caryophyllée*.

161. — Famille des Vinifères. — Voici la famille qui nous donne le *vin*. La plante principale de ce petit groupe est la *vigne*. Ici le *fruit* a plus d'importance que la *fleur*. La *vigne* est dans tout son éclat lorsqu'elle est chargée de *grappes* ; mais on fait généralement peu d'attention aux fleurs, qui sont petites et colorées en vert pâle. La floraison a eu lieu au mois de juin; ensuite le pistil de chaque fleur grossit lentement, et vers la fin de septembre la *grappe* est chargée de grosses *baies* charnues et remplies d'un jus sucré. C'est en écrasant les grains de raisins réunis en grande masse que l'on en fait sortir le jus. Celui-ci fermente et peu à peu prend le goût de vin ; c'est ainsi que l'on obtient cette boisson si estimée.

Dans la même famille des *Vinifères*, il est d'autres espèces, grimpantes comme la vigne, mais dont les fruits petits et gonflés à peine de quelques gouttes de jus, ne sauraient servir à faire le vin. Telle est la *vigne-vierge*.

162. — Famille des Malvacées. — Le type de cette famille nous est fourni par les *mauves*, dont le nom latin est *malva*. On trouve plusieurs espèces de *mauves* dans nos campagnes. Ce sont des herbes qui, au milieu de l'été, portent de grandes *fleurs* roses. Les *tiges* sont un peu velues; les *feuilles* ont une forme générale arrondie, avec plusieurs *nervures* principales disposées comme les doigts d'une main étendue ou comme les rayons d'un éventail. Dans la *fleur*, on trouve *un calice de cinq sépales;* une *corolle de cinq pétales* allongés et taillés en cœur à leur sommet; des *étamines nombreuses* soudées ensemble par leurs *filets*, et cachant au milieu d'elles le pistil.

Les *mauves* renferment dans toutes leurs parties un mucilage adoucissant; la *guimauve*, plante très voisine, a les mêmes propriétés, et sa racine est fort employée en médecine. Les fleurs de mauve servent à préparer une tisane très bonne dans les maladies de la poitrine.

Fig. 111. — Une fleur d'Œillet (3 fois plus petite que nature). — A côté, figurées isolément les étamines entourant le pistil. — Famille des Caryophyllées.

Fig. 112. — Une grappe de Raisin (3 fois moindre que nature). — Famille des Vinifères.

C'est à la famille des *Malvacées* qu'appartiennent les cotonniers, arbres ou arbrisseaux qui produisent le *coton*. C'est

Fig. 142. — Rameau de Cotonnier en fleur (6 fois moindre que nature).
— Famille des Malvacées.

un duvet long et touffu qui garnit la surface des *graines*. Les *cotonniers* sont cultivés dans l'Inde, en Egypte, au

Fig. 144. — Une capsule de Cotonnier (moitié moindre que nature).

Fig. 143. — Graine de Cotonnier et coton (un peu plus petite que nature).

Brésil et, plus que partout ailleurs, dans le sud des Etats-Unis.

163. — **Famille des Légumineuses.** — Nous abordons ici une des grandes familles du règne végétal, celle où le fruit

est une *cosse*, appelée aussi un *légume* : c'est la cosse du *pois*, du *haricot* ou de la *fève de marais*. Les nombreuses espèces qui forment ce grand groupe sont réparties dans tous les pays : ce sont tantôt des herbes, tantôt des arbrisseaux ou des arbustes, tantôt des arbres souvent de très forte taille. Les *Légumineuses* d'Europe appartiennent à un groupe dont la *fleur* est très remarquable par sa forme. C'est celle du *pois de senteur*, du *haricot*, du *faux-ébénier*, du *faux-acacia* (vulgairement nommé *acacia*). La *corolle* est insérée dans un calice de *cinq pétales*, dont l'un se retrousse et s'étale au-dessus des quatre autres. On a donné à cette forme de corolle le nom de *papillonacée*, parce qu'on lui a trouvé une certaine ressemblance avec un papillon. La *corolle* cache complètement les dix étamines et le *pistil*, dont

Fig. 144. — Genêt, fleurs et fruits (moitié moindre que nature). — Famille des Légumineuses.

la forme allongée et aplatie annonce déjà celle qu'aura le *fruit*.

La famille des *Légumineuses* comprend un grand nombre de plantes herbacées utiles pour nourrir les bestiaux : c'est ce qu'on nomme des *plantes fourragères*. Les principales sont les *trèfles*, les *luzernes*, les *vesces*, les *sainfoins*. D'autres espèces à graines farineuses jouent un grand rôle dans notre alimentation : ce sont les *légumes farineux*, les *pois*, les *haricots*, les *fèves*, les *lentilles*. Les *genêts*, les *ajoncs* se voient en abondance sur les landes incultes des pays à sol pauvre et pierreux.

164. — Famille des Rosacées. — C'est ici la famille des arbres fruitiers ; cependant elle porte le nom de la *rose*, la plus belle des fleurs, dont les nombreuses variétés embellissent nos jardins. C'est la culture qui les a perfectionnées à ce point. La *rose sauvage*, celle que l'homme n'a pas cultivée, est bien connue sous le nom d'*églantine*, et le rosier sous

celui d'*églantier*. Mais il suffit de regarder les fleurs du
pêcher, de l'*abricotier*, de l'*amandier*, du *prunier*, du *cerisier*, du *néflier*, du *cognassier*, du *poirier* et du *pommier*, pour reconnaître que toutes ces fleurs se ressemblent complètement entre elles et res-
semblent à la *rose sauvage*. Cette ressemblance se
retrouve encore dans les
fleurs du *framboisier*, de
la *ronce* et du *fraisier*.
Ainsi la jolie fleur de
l'*églantier* est un véritable type de toute cette
famille. Les *Rosacées* nous
donnent des *fruits à no-
yau*, pêches, abricots,
prunes, cerises, aman-
des ; des *fruits à pépins*,
pommes, poires, coings.

Fig. 147. — Rameau, fleur et boutons d'Églantier (moitié moindre que nature). — Famille
des Rosacées.

La *néfle* est un fruit à plusieurs noyaux. On désigne sous

Fig. 148. — Un pied de Fraisier (4 fois moindre que nature). — Famille des Rosacées

le nom de *baies* la *fraise*, la *framboise* et le fruit de la
ronce ou *mûre des buissons*.

Revenons à la rose. L'*églantine* nous montre un *calice* à cinq *sépales* très élégamment découpés ; une *corolle* de cinq *pétales* arrondis en une large coupe ; une *multitude d'étamines*, et des *pistils* nombreux enfoncés dans un renflement du *pédoncule* qui forme la partie inférieure du *calice*.

Lorsque l'on compare l'*églantine* à une *rose cultivée* des jardins, on saisit une différence frappante : l'*églantine* a l'appa-

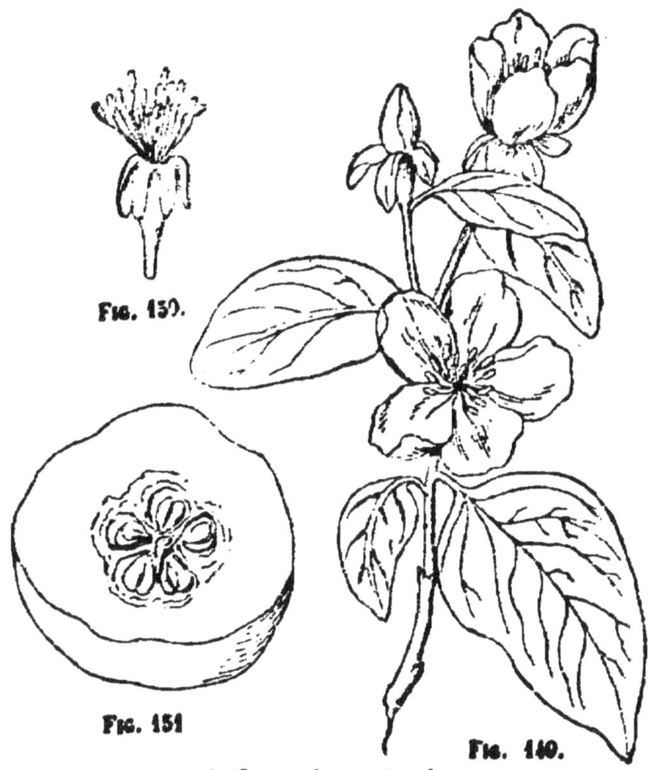

Fig. 149. — Rameau de Cognassier (moitié de nature).
Fig. 150. — Les étamines après que la corolle a été enlevée.
Fig. 151. — Un Coing coupé par le milieu, pour montrer les graines. — Famille d s Rosacées.

rence d'une coupe vide ; au contraire, la *rose cultivée* semble une coupe remplie de *pétales* multipliés. La rose cultivée a évidemment bien plus de cinq pétales. D'où lui vient cette augmentation ? Pour le savoir, il suffit de remarquer que les *pétales supplémentaires* tiennent précisément la place qu'occupent les *étamines* dans la *rose sauvage*. L'effet de la culture a été de rendre toute la fleur plus grosse, et surtout de *transformer les étamines en pétales*. C'est ce que l'on appelle rendre une fleur *double*. On réussit à obtenir ce changement chez un grand nombre de plantes ; mais chez les plantes qui ont beaucoup d'étamines, c'est toujours bien plus facile. Ainsi les *Renonculacées*, les *Papavéracées*, les *Malvacées* s'y prêtent aisément.

165. — Famille des Cucurbitacées. — Le plus gros de tous nos fruits est le *potiron*, nommé aussi *courge* ou *citrouille*, et que les Latins appelaient *cucurbita* ; voilà l'origine du nom de cette famille ; c'est la famille des plantes semblables aux *potirons* ; vous ne serez pas étonnés d'y trouver les *melons*, les *pastèques*, les *concombres*. Ce sont en général des herbes rampantes remarquables par la grosseur de leurs fruits.

Prenons pour exemple la plante qui produit le *melon* : elle couvre le sol de ses larges feuilles ; au milieu de ce feuillage on distingue, vers la fin du printemps, de grosses *fleurs* jaunes. Ce qu'il y a de curieux, c'est qu'elles sont de deux sortes : les unes sont courtes, et plus petites (fig. 153) ; les autres sont fortement renflées en dessous (fig. 154). On appelle celles-ci *ces fleurs femelles* par ce que seu'es elles donnent des *fruits*. Les autres, après la floraison, se flétrissent et périssent tout entières : on les nomme *fleurs mâles*. Or les *fleurs mâles* ne possèdent en effet que des étamines, au nombre de cinq. Les fleurs femelles

Fig. 153 — Rameau en fleur de Melon (6 fois moindre que nature). — Famille des Cucurbitacées.

ne renferment au contraire qu'un pistil enfoncé dans le

Fig. 153. — Fleur mâle de Melon (1/2 nature).

Fig. 154. — Fleur femelle de Melon (1/2 nature).

renflement qu'elles portent à leur base. D'ailleurs les unes comme les autres ont un calice et une corolle composés de cinq parties. C'est là ce que l'on appelle une plante à fleurs unisexuées (d'un seul sexe), tandis que l'on nomme fleurs hermaphrodites (ayant les deux sexes) celles qui possèdent à la fois étamines et pistils.

166. — Famille des Ombellifères. — Je mets sous vos yeux une branche de *persil* en fleur ; regardez bien la disposition des *fleurs* : une *hampe* commune se termine par huit, dix, douze *pédoncules* d'égale longueur, et chacun de ceux-ci. par une dizaine de *pédicelles* égaux qui portent chacun une *fleur* ; c'est une grande ombelle composée d'*ombellules*. Les plantes dont les fleurs sont ainsi disposées forment la famille des *Ombellifères* (*porte-ombelle*), famille qui nous fournit des légumes, des assaisonnements et même quelques poisons.

FIG. 155. — Rameau de Persil, en fleur (quart de nature). — A côté, une fleur isolée (gr. naturelle.) — Famille des Ombellifères.

La fleur des *Ombellifères* est généralement très petite ; il faut souvent prendre la loupe pour en distinguer les parties. Alors on y aperçoit un *calice* très peu développé ; une *corolle* de cinq *pétales* ; cinq *étamines* et un *pistil*. Toutes ces plantes exhalent une odeur bien marquée, désagréable chez les unes, parfumée chez les autres. Le *cerfeuil* et le *persil* sont des *Ombellifères* aromatiques employées comme assaisonnements sur nos tables. Les *carottes* et les *panais* sont des légumes que l'on voit souvent paraitre dans nos cuisines. Le *céleri* nous fournit des salades, et ses souches épaisses et charnues se mangent cuites ou crues. Au contraire, la *grande* et la *petite ciguë* sont vénéneuses.

RÉSUMÉ DU CHAPITRE XV.

157. — La famille des Papavéracées a pour types les pavots. — Ils ont un calice à deux sepales et une corolle à quatre pétales

libres; de nombreuses étamines et un seul pistil; le fruit est une capsule à graines nombreuses. — Elles fournissent l'huile d'œillette et l'opium.

158. — Les Crucifères ont une corolle de quatre pétales opposés en croix; six étamines, dont deux plus courtes; un pistil à deux loges. — Cette famille renferme plusieurs légumes alimentaires; elle donne l'huile à brûler et la moutarde.

159. — Les lins forment une petite famille; on en tire la filasse pour tisser le linge. — Corolle à cinq pétales, dix étamines, un seul pistil; le fruit contient des graines qui donnent l'huile de lin et la farine de graine de lin.

160. — La famille des Caryophyllées a pour types les œillets, qui ont un calice de cinq sépales soudés, une corolle à cinq pétales libres, dix étamines et un pistil.

161. — La famille des Vinifères a pour type la vigne, dont le fruit en grappe donne le vin.

162. — La famille des Malvacées a pour types les mauves, qui ont un calice de cinq sépales, une corolle de cinq pétales, un bouquet d'étamines soudées par leur filet et entourant le pistil. — Les mauves et les guimauves chez nous, les cotonniers dans les pays chauds, représentent les Malvacées.

163. — Les Légumineuses forment une grande famille où le fruit est toujours une cosse ou légume; un grand nombre d'entre elles ont en outre une corolle papillonacée. — Elle contient nos légumes farineux et des plantes fourragères.

164. — Les Rosacées constituent une très grande famille, contenant nos arbres fruitiers : elle a pour type la rose. — La fleur a cinq sépales, cinq pétales libres, un grand nombre d'étamines. — Elle contient des plantes d'ornement et des arbres à fruits charnus fort estimés. — La rose de nos jardins provient de roses sauvages dont la fleur est doublée.

165. — La famille des Cucurbitacées a pour type le potiron ou citrouille. — Deux sortes de fleurs, les mâles et les femelles; des fruits gros et charnus sur une plante herbacée et rampante.

166. — Les Ombellifères ont les fleurs groupées en ombelles composées d'ombellules. — Dans la fleur cinq pétales, cinq étamines et un pistil. — Cette famille renferme quelques légumes et beaucoup de plantes d'une odeur agréable.

QUESTIONNAIRE.

157. Qu'est-ce que la famille des Papavéracées? — Comment est conformée la fleur des pavots? — Quels services tirons-nous des Papavéracées? — 158. Comment est disposée la fleur des Crucifères? — Quelles sont les Crucifères utiles? — 159. Quelle est la fleur du lin? — Quels produits utiles tire-t-on de cette plante? — 160 De quelle famille les œillets sont-ils les types? — Comment est conformée leur fleur? — 161. A quelle famille appartient la plante qui nous donne le raisin? — Quels services tire-t-on de cette plante? — 162. Qu'est-ce que la famille des Malvacées? — Comment est disposée la fleur des mauves? — En quoi les

Malvacées nous sont-elles utiles ? — 163. A quelle famille appartiennent les haricots, les pois et les fèves ? — Comment est leur fleur ? — Quelles sont les plantes fourragères de cette même famille ? — 164. Comment est conformée la fleur de l'églantier ? — En quoi diffèrent de l'églantine les roses des jardins ? — Qu'appelle-t-on une fleur double ? — Quelles sont les espèces utiles de la famille des Rosacées ? — 165. A quelle famille appartiennent la citrouille et le melon ? — Qu'y a-t-il de particulier dans la disposition de leur fleur ? — En quoi leurs fruits sont-ils remarquables ? — 166. A quoi reconnaît-on une plante de la famille des Ombellifères ? — Quelles sont les espèces utiles de cette famille ?

CHAPITRE XVI.

LES DICOTYLÉDONES GAMOPÉTALES.

167. — Famille des Rubiacées. — Vous connaissez tous le pantalon de garance de nos régiments de ligne. Sa couleur rouge est tirée d'une plante cultivée surtout dans le Midi et l'Est de la France. On la nomme la *garance* et, en latin, *rubia*, d'où vient le nom de la famille.

Deux plantes étrangères donnent un grand intérêt à cette famille. L'une est le *quinquina*, dont l'écorce est si fréquemment employée en médecine. Il croît dans les montagnes de l'Amérique du Sud. L'autre est le *caféier*, dont la graine sert à préparer le *café*. Cette plante célèbre est originaire d'Abyssinie. Il s'est répandu de là en Arabie, puis aux îles Antilles et dans d'autres parties de l'Amérique.

Fig. 156. — Un rameau de Caféier (1 fois plus petit que nature (avec fleurs et fruit encore vert; à côté un grain de café. — Famille des Rubiacées.

168. — Famille des Solanées. — Tout le monde connaît

ce légume précieux qu'on appelle la *pomme de terre*. Ce nom veut dire qu'il se développe dans la terre; mais à coup sûr ce n'est pas une pomme ni même un fruit. C'est ce qu'on appelle un *tubercule*. Sous une peau assez fine il renferme un gros amas de fécule destinée à nourrir les *bourgeons* que l'on voit à sa surface. La *pomme de terre* se trouve enterrée à la base de la tige d'une plante herbacée nommée la *morelle pomme de terre*. Le nom latin de cette plante est *solanum* : c'est l'origine de celui de la famille. La *morelle pomme de terre* n'est pas originaire de nos contrées. Elle nous vient de l'Amérique du Sud; mais nos champs sont remplis de deux autres espèces plus petites et sans tubercules, la *morelle blanche* et la *morelle noire*. La fleur des *morelles* porte un calice de cinq *sépales*,

Fig. 157 — Racine et tubercules de pomme de terre (3 ou 4 fois moindres que nature). — Famille des Solanées.

une corolle *gamopétale* à *cinq dents* (cinq *pétales* soudés). Au milieu de la *fleur* se dresse une petite pyramide jaune qui est formée de *cinq étamines* entourant le *pistil*. Le *fruit* que donne cette fleur est une *baie* charnue remplie d'un suc vénéneux. Les *feuilles* et les *rameaux* ne le sont pas moins. Au contraire, vous savez que les *tubercules* forment un excellent aliment. A vrai dire, la plupart des *Solanées* sont également vénéneuses. L'une des plus malfaisantes sous ce rapport est le *tabac* employé comme excitant bien connu. Cependant nous mangeons, diversement accommodés les fruits de la *tomate* et du *piment*.

169. — **Famille des Convolvulacées.** — Cette petite

famille a pour types les *liserons*, que l'on nomme en latin *convolvulus* : ce qui veut dire plante qui grimpe en s'enroulant autour des plantes voisines. Le plus petit de nos *liserons* et aussi le plus commun est le *liseron des champs*. Il abonde parmi nos moissons avec les *bleuets* et les *coquelicots* ; sa fleur est une petite clochette rosée. Le *liseron des haies* est béaucoup plus grand et fait l'ornement des buissons de nos campagnes par sa grande fleur blanche en clochette évasée. Ces deux fleurs ont un *calice* de *cinq sépales* et une *corolle* beaucoup plus grande, d'une seule pièce, résultant de la soudure de *cinq pétales*. Au fond de la fleur on trouve *cinq étamines* courtes et un seul *pistil*.

Une espèe de *liseron* originaire de l'Inde porte à la base de sa tige des tubercules farineux et sucrés que l'on appelle des *patates* et qui sont bons à manger.

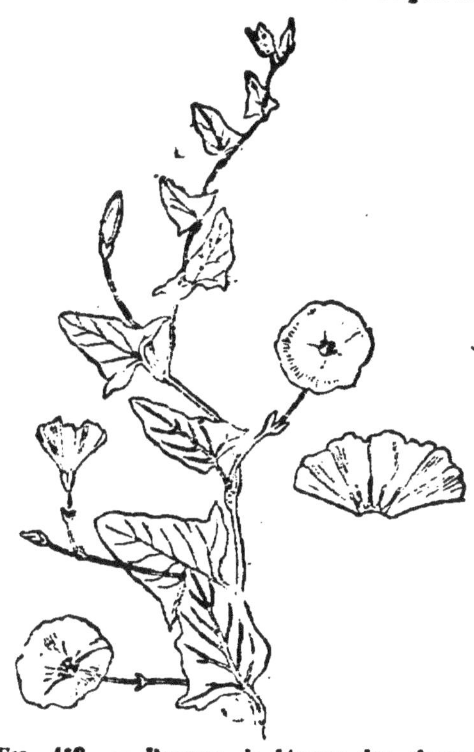

Fig. 158. — Rameau de Liseron des champs (moitié moindre que nature) ; à côté une corolle ouverte, montrant les étamines. — Famille des Convolvulacées.

170. — Famille des Composées. — S'il est une fleur connue et aimée de tout le monde, c'est le *bleuet* ou *bluet*. Quel étonnement éprouverez-vous si je vous dis que ce n'est pas une fleur ! Pourquoi cela ? direz-vous ! — Parce que, si vous comparez le *bleuet* à une autre fleur déjà connue de vous, vous verrez qu'il est tout autrement conformé. Prenez le *coquelicot*, son compagnon habituel au milieu de nos champs ; nous avons su y trouver un *calice*, une *corolle*, des *étamines* et un *pistil*. Allez donc chercher cela dans le *bleuet* ; c'est tout autre chose ! Au centre vous apercevez une sorte de pompon de couleur pourpre. Il est formé de plusieurs pièces assez petites, placées les unes auprès des autres. Au pourtour se voient des pièces beaucoup plus

Fig. 159. — Bleuet (un peu plus petit que nature). — Famille des Composées.

grandes, sorte de cornets d'un beau bleu profondément dentelés sur leurs bords. C'est à n'y rien comprendre ! Cependant vous comprendrez tout, si vous voulez bien ne pas vous obstiner à prendre le *bleuet* pour une seule fleur. C'est réellement une réunion, une sorte de bouquet de petites fleurs ; c'est une *fleur composée*.

Chaque pièce de la partie centrale est une petite fleur (fig. 160) où l'on trouve : un *calice* conformé en une couronne de poils jaunâtres, et une *corolle* longue, d'une seule pièce, avec *cinq dentelures*. En dedans sont insérées *cinq étamines* réunies par les *anthères*. Au fond de la petite fleur est un *pistil* surmonté d'un long filament. Les pièces ou petites fleurs du pourtour ne sont pas si complètes. On y retrouve bien le *calice* en aigrette et la corolle. Mais celle-ci est bleue, disposée en entonnoir et plus développée. Dans l'intérieur de cette *corolle*, il n'y a ni *étamines* ni *pistil*. C'est une *fleur stérile*, puis-qu'elle est réduite seulement aux enveloppes florales. On nomme ces fleurs stériles des *demi-fleurons*. Les fleurs complètes du centre s'appellent des *fleurons*.

Fig. 160. — Fleuron et demi-fleuron isolés.

L'*artichaut*, que l'on sert souvent sur nos tables, est un très gros bouton d'une fleur composée du même genre. On remarquera sans peine que le bouton du *bleuet*, avant de s'épanouir, ressemble exactement à un tout petit *artichaut*. Ce qu'on appelle vulgairement le *foin* est la masse des petites fleurs qui se seraient épanouies plus tard. Les *feuilles* sont les écailles vertes qui les entourent. Le *fond* est la plaque charnue sur laquelle sont insérés les *fleurons* et les *demi-fleurons* les uns auprès des autres. Nous mangeons l'artichaut avant qu'il ne s'ouvre ; mais quand par hasard on le laisse ouvrir, c'est une très belle fleur composée, semblable à un énorme chardon. Les *chardons* en effet sont de cette famille. La *jacée* est une sorte de *bleuet* rouge. Le *pissenlit* est un peu différent, mais ses fleurs jaunes ressemblent à celles d'un très grand nombre de *Composées*.

Cette famille contient la plupart de nos salades ; les *chicorées* et les *laitues*. Le nombre des plantes *Composées* est extrêmement considérable. Beaucoup figurent dans nos jardins. En général, ce sont des fleurs d'automne. Il suffit de citer les *chrysanthèmes* ou *reines-marguerites*, les *pâquerettes*, les *astères*, etc.

RÉSUMÉ DU CHAPITRE XVI.

167. — La famille des Rubiacées a pour type la garance, dont la racine fournit une couleur rouge. — Les espèces les plus remarquables de cette famille sont le caféier et les quinquinas.

168. — La morelle pomme de terre est le type de la famille des Solanées. — La fleur possède cinq sépales, une corolle gamopétale à cinq dents, cinq étamines dressées contre le pistil. — La pomme de terre est un tubercule produit au pied de la tige. — Beaucoup de Solanées produisent des poisons, d'autres sont alimentaires. — Le tabac est une solanée très célèbre.

169. — Les liserons servent de types à la famille des *Convolvulacées*, plantes grimpantes qui s'enroulent autour d'un support. — Fleur à corolle gamopétale disposée en entonnoir, cinq étamines et un pistil. — La patate est un exemple de plante convolvulacée portant des tubercules à la base de sa tige.

170. — On nomme Composées des plantes dont la fleur apparente est en réalité une réunion de petites fleurs, comme on le voit dans le bluet. — Chaque petite fleur, dans une corolle gamopétale, contient cinq étamines soudés par les anthères autour du pistil. — La famille des Composées comprend nos salades les plus habituelles ; l'artichaut est une grosse fleur Composée, très semblable à celle des chardons. — Les pâquerettes et les reines-marguerites sont les plus connues des plantes Composées d'ornement.

QUESTIONNAIRE.

167. A quelle famille appartient le caféier ? — Quel produit utile en tirons-nous ? — Quelles sont les autres espèces utiles de la famille des rubiacées ? — 168 Qu'est-ce que la famille des Solanées ? — Comment est faite la fleur de la m?: elle pomme de terre? Qu'est-ce que la pomme de terre? — Y a-t-il des Solanées dangereuses? — Y en a-t-il qui nous rendent des services? 169. — Quels sont les types de la famille des Convolvulacées? — D'où vient la patate? — 170. Qu'appelle-t-on une fleur composée? — L'expliquer par un exemple. — Quelle est la conformation des petites fleurs qui forment la fleur composée? — Quelles sont les principales espèces utiles de plantes Composées?

CHAPITRE XVII.

LES DICOTYLÉDONES APÉTALES.

171.— Famille des Chénopodées. — Nous ne prononce-

FIG. 161. — Rameau en fleur de Betterave. — Famille des Chénopodées.

FIG. 162. — Une racine de Betterave (10 fois plus petite que nature).

rons le nom de cette famille que pour parler de la *betterave*,

Qui en est la plante la plus importante. On la cultive, surtout dans le nord de la France, sur de très grandes étendues. Sa racine, qui prend un énorme développement, sert à fabriquer du sucre. C'est ce qu'on nomme le *sucre indigène*, par opposition au *sucre de canne* qui nous vient des colonies. On extrait encore de la *betterave* un liquide tout à fait analogue à l'esprit-de-vin ou *alcool*. Les débris de cette fabrication, désignés sous le nom de *pulpe*, ont une grande importance pour l'alimentation des bestiaux.

172. — Famille des Urticées. — La plante la plus répan-

Fig. 163. — Chanvre mâle. —
Famille des Urticées

Fig. 164. — Chanvre femelle.

due peut-être et, en tous cas, la plus connue par les piqûres brûlantes qu'elle produit, est l'*ortie*. Le nom latin de l'*ortie* est *urtica* : il veut dire plante brûlante. De là vient le nom de la famille. Avec un peu d'attention on reconnaît sans peine que parmi les touffes d'*orties* qui bordent nos murs et nos chemins, il y a deux sortes de plantes: les unes sont petites et minces ; les autres sont d'une hauteur double environ et beaucoup plus robustes. Chez les unes comme chez les autres on trouve, vers le sommet de la plante, de petites fleurs vertes groupées en grappes minces. En examinant ces fleurs avec une loupe, on peut constater que les unes contiennent seulement des étamines, les autres des pistils. Tout s'explique donc : les *orties* de petite taille ne portent que des fleurs à étamine ; les grandes *orties* n'ont que des fleurs à pistil. En un mot, cette espèce de plante comprend deux sortes d'individus : l'*ortie mâle* (la petite), qui ne produit jamais de graines, n'ayant pas de pistil ; l'*ortie femelle*, qui seule donne des graines.

Le *chanvre* ou *chènevis* est de la même famille et est conformé de même. Il est facile, dans les chènevières, de reconnaître, à leur petitesse, les pieds mâles au milieu des pieds femelles. De l'écorce du chanvre on extrait des fibres d'une extrême solidité : c'est la *filasse*. Elle sert à fabriquer le *fil*, la grosse *toile* et les *cordages*.

173. — Famille des Amentacées — Les arbres de nos forêts d'Europe se divisent en deux grandes catégories, les arbres *feuillus*, et les arbres *résineux*, souvent appelés arbres verts.

Parmi les arbres feuillus, les *châtaigniers*, les *chênes*, les *charmes*, les *hêtres*, les *bouleaux*, les *peupliers*, appartiennent à la famille des *Amentacées*. Le *noyer*, les *saules*, les *noisetiers* sont aussi des arbres de cette famille. Tous ont des *fleurs mâles*

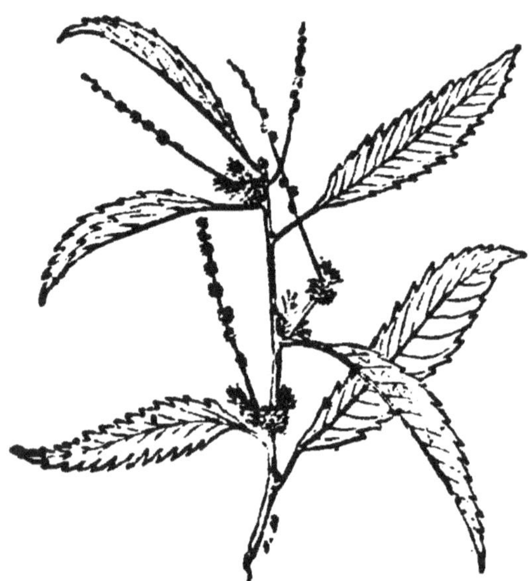

Fig. 165. — Rameau en fleur de Châtaignier (8 fois plus petit que nature). — Famille des Amentacées.

et des *fleurs femelles* ; mais les unes et les autres sont réunies sur le même pied d'arbre. Le *gland*, la *faine*, la *noisette*, la *châtaigne* sont des *fruits* d'une structure tout à fait analogue. Tous ces arbres, appelés feuillus, perdent leur feuillage en hiver. Les arbres résineux ont des feuilles d'une nature toute spéciale, disposées en piquants ou en écailles; la plupart d'entre eux conservent leur feuillage pendant l'hiver. Tous ces arbres appartiennent à la famille suivante.

174. — Famille des Conifères. — C'est, comme nous l'avons dit, la famille des arbres résineux. Comme dans la famille précédente, chaque arbre porte des fleurs mâles et des fleurs femelles. Celles-ci donnent des fruits généralement en forme de pain de sucre ou de *cône*, comme disent les géomètres. On peut le vérifier en regardant ceux des sapins, des *pins*, des *mélèzes* et des *cèdres*. Le nom de *Conifères* rappelle cette conformation des *fruits*. Elle est cependant moins reconnaissable dans les *ifs*, les *cyprès*, les *genévriers*. Quant à la dénomination d'arbres résineux, elle vient de ce que chez toutes les espèces le bois contient une matière odorante appelée *résine*, qui a de nombreux usages dans l'industrie.

RÉSUMÉ DU CHAPITRE XVII.

171. — La betterave, qui nous donne le sucre indigène et l'alcool ou esprit de betterave, appartient à la famille des Chénopodées.

172. — Les orties sont les types de la famille des Urticées; mais le chanvre en est l'espèce la plus importante. — Dans cette famille, chaque espèce est représentée par deux sortes d'individus: l'un est un pied mâle ne donnant pas de graines, l'autre est un pied femelle qui porte les graines. — La filasse du chanvre est une matière textile bien connue.

173. — La plupart des arbres feuillus de nos forêts appartiennent à la famille des Amentacées. — Ils ont des fleurs mâles et des fleurs femelles portées sur le même pied d'arbre.

174. — Nos arbres résineux, souvent nommés arbres verts, appartiennent à la famille des Conifères; leurs fruits ont souvent la forme d'un cône, comme la pomme de pin. — Le bois des Conifères est imprégné de résine dans toute son épaisseur.

QUESTIONNAIRE.

171. — A quelle famille appartient la betterave? — Quels produits utiles nous donne-t-elle? — 172. Quels sont les types de la famille des Urticées? — Quelle en est l'espèce la plus importante? — Quels produits donne-t-elle? — Pourquoi dit-on qu'il y a dans cette espèce deux sortes d'individus? — 173. Quelles sont les plantes de nos pays appartenant à la famille des Amentacés? — Comment sont disposées leurs fleurs? —

174. A quelle famille appartiennent les arbres résineux? — Pourquoi leur donne-t-on aussi le nom d'arbres verts? — Quelle est l'origine du nom de Conifères?

CHAPITRE XVIII.

LES MONOCOTYLÉDONES.

175. — Famille des Liliacées. — On devine sans peine, d'après le nom, que 'e *lys* est le type de cette famille. Tout le monde connait la belle fl·ur blanche de cette plante. Rien

Fig. 166. — Un rameau de Lys (4 fois plus petit que nature). — Famille des Liliacées.

n'est plus facile que d'en analyser la structure. Comme les *Monocotylédones* n'ont jamais deux enveloppes florales, nous ne serons pas étonnés de n'y pas trouver un calice et une corolle. Six grandes pièces blanches font à la fleur une magnifique enveloppe. Celle-ci contient à son centre un grand *pistil* entouré de *six étamines*. Mais ce que les *Liliacées* ont de particulier, c'est qu'à leur base on trouve toujours un *oignon* ou *bulbe*. C'est un gros bourgeon qui surmonte la racine. Les plantes de cette famille font souvent l'ornement des jardins. Je citerai, outre les *lys*, les tulipes et les *jacinthes* D'autres *Liliacées* nous fournissent des assaisonnements recherchés dans nos cuisines. Tels sont l'*oignon*, l'*ail*, l'*échalotte*.

176. — Famille des Iridées. — Son nom dit assez qu'elle a pour type les *iris*, dont une magnifique espèce se fait remarquer dans les jardins par ses fleurs violettes d'un aspect tout particulier. Des *six* pièces formant l'enveloppe florale unique, trois sont recourbées en dedans et trois en dehors. Cette fleur n'a que *trois étamines*. Les *glaïeuls* sont de belles plantes d'ornement de cette famille.

Fig. 167. — Une fleur d'Iris. — Fa-   Fig. 168. — Un pied d'Iris avec sa souche et
mille des Iridées.   ses racines.

177. — Famille des Asparaginées. — Le type de cette famille est l'*asperge*, on le devine sans peine. On y trouve le *muguet* à petites fleurs blanches imitant la forme d'un grelot et présentant sur son bord six dentelures. Tel est aussi, à peu de chose près, l'aspect de la fleur de l'asperge. Mais ce que vous connaissez le plus, ce sont ces grosses tiges terminées par un bourgeon violet ou verdâtre et que l'on mange aux premiers jours du printemps. Ce sont les pousses que donne, au retour de la belle saison, la souche vivace qui a passé l'hiver sous terre.

178. — Famille des Graminées. — Le mot latin *gramen*

signifie *gazon*. Nous avons donc à faire ici à la famille des gazons, des plantes de nos herbages. Les *Légumineuses* nous ont donné les plantes des *prairies artificielles*, trèfle, luzerne et sainfoin. Les *Graminées* nous fournissent les plantes des *prairies naturelles*. Je me garderai bien d'énumérer ici les principales d'entre elles ; ce serait encore

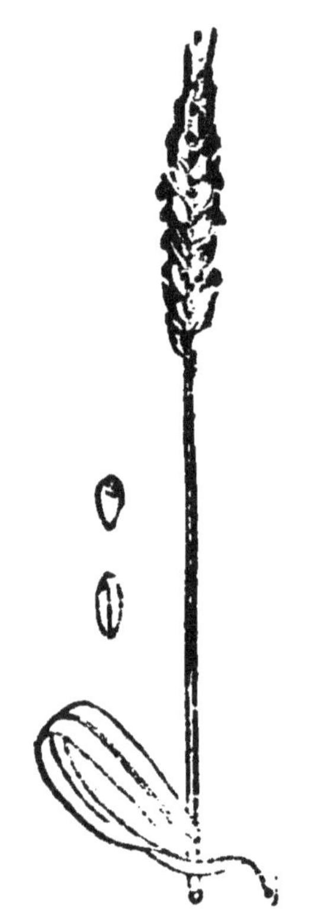

Fig. 169. — Tige de Froment terminée par un épi en fleur (3 fois plus petite que nature) — à côté de sa graine vues de sens opposés (2/3 de grandeur naturelle). — Famille des Graminées.

Fig. 170. — Un épi d'Orge mûr (3 fois moindre que nature).

beaucoup trop long. Mais quand vous voyez des vaches paître dans un pré, soyez sûrs que sur vingt plantes qu'elles mangent il y a dix-neuf *Graminées*.

Non contente de nourrir les bestiaux, cette belle famille nourrit encore les hommes. Nous lui devons le pain qui se fait avec la farine du *froment* ; nous lui devons les farines diverses de l'*orge*, du *riz*, du *seigle*, du *maïs*. L'avoine donne à nos chevaux leur vigueur.

Dans les contrées chaudes du globe, les *bambous*, Graminées en arbres, forment de magnifiques forêts dont les tiges creuses et résistantes fournissent d'admirables matériaux pour des constructions légères et rapidement exécutées. Cette structure de la tige se retrouve chez toutes les Graminées. Il suffit d'examiner une tige de *froment*, de *seigle* ou d'*avoine* pour reconnaître qu'elle est creuse intérieurement et qu'elle présente des nœuds pleins, de distance en distance. Les tiges desséchées des Graminées nous donnent la paille.

Dans quelques espèces, ces tiges creuses se remplissent, à une certaine époque de l'année, d'une sorte de sirop d'où l'on peut extraire du sucre. La plus célèbre de ces espèces porte le nom significatif de *canne à sucre*. C'est d'elle que l'on tire le sucre colonial.

RÉSUMÉ DU CHAPITRE XVIII.

175. — Le lys est le type de la famille des Liliacées. — Sa fleur a une seule enveloppe florale composée de six pièces ou folioles ; six étamines et un seul pistil. — A la base de la tige, les Liliacées portent des bulbes ou oignons ; beaucoup d'oignons de diverses espèces sont employés en cuisine comme assaisonnements.

176. — Les iris servent de types à la famille des Iridées. — La fleur n'a que trois étamines, mais l'enveloppe florale se compose de six pièces,

177. — L'asperge est le type de la famille des Asparaginées, qui renferme aussi le muguet. — Ce que l'on mange sous le nom d'asperge, ce sont les bourgeons que la plante donne à chaque printemps.

178. — La plus importante des familles de plantes monocotylédones est celle des Graminées ; elle a pour types les herbes qui forment nos gazons ; mais elle contient de grandes herbes à grains farineux que nous appelons les céréales. — Les Graminées donnent aux hommes le pain et des farines nourrissantes ; elles donnent aux bestiaux les fourrages des prairies naturelles. — A cette même famille appartient la canne à sucre dont on tire le sucre colonial ou sucre de canne.

QUESTIONNAIRE.

175. Quel est le type de la famille des Liliacées ? — Comment est conformée la fleur du lys ? — Y a-t-il des Liliacées utiles ? — 176. Quel est le type de la famille des Iridées ? Comment est disposée la fleur des iris ? — 177. A quelle famille appartient l'asperge ? — Quelle est la partie de la plante que l'on mange sous ce nom ? — 178. Qu'est-ce que la famille des Graminées ? — Quelle est l'importance spéciale de cette famille ? — Quelles sont les espèces de Graminées les plus utiles à l'homme ?

CHAPITRE XIX.

SOLIDES, LIQUIDES ET GAZ.

179. — **L'eau et les liquides n'ont pas de forme qui leur appartienne.** — L'eau est l'exemple le plus connu d'un corps *liquide*. Elle *coule*, c'est-à-dire que du moment où un vase ne la soutient pas, elle tombe, soit goutte à goutte, soit par jet continu, sous l'influence de son propre poids. Voilà, par exemple, un verre qui contient de l'eau, penchons-le, l'eau se déplace à mesure, de façon à ce que sa surface libre reste toujours horizontale, c'est-à-dire parallèle à la surface de toutes les eaux tranquilles. Il vient un moment où cette surface touche un des bords du verre ; si nous continuons à le pencher, la surface de l'*eau* déborde et le liquide s'écoule. C'est de cette façon que l'on verse les liquides. Ils passent ainsi de vase en vase, prenant, dans chacun d'eux, la forme du vase lui-même. L'eau et les autres *liquides* n'ont, en effet, aucune forme particulière. Si l'on répand sur un parquet le contenu d'une carafe d'*eau*, ce liquide qui avait la forme intérieure de la carafe, s'étale aussitôt en une lame mince qui recouvre largement le parquet. On résume cette manière d'être de l'*eau* en disant qu'elle est *fluide*, ce qui veut dire qu'elle est susceptible de couler.

180. — **Le froid transforme l'eau en glace.** — Vous vous rappelez certainement avoir vu de la *glace* dans les rues et dans les bassins ou les mares. C'était toujours au moment des grands froids de l'hiver. A un certain moment, vous avez vu la surface de l'eau se prendre en une masse transparente et dure ; et l'on vous a dit : Voilà l'eau qui *gèle*. Cela voulait dire : l'eau se transforme en *glace*. Quelle était la cause de ce changement ? Aucun de vous n'hésitera à dire que c'était le *froid*. Dès qu'est revenu un temps plus doux, *la glace a fondu* ; en d'autres termes, elle est revenue à l'état d'eau.

La *glace*, vous le savez, n'est pas un corps liquide ; elle est *solide*, c'est-à-dire qu'elle a une forme arrêtée et qu'elle résiste à toutes les tentatives que l'on ferait pour lui donner celle du vase où on la placerait. Une petite expérience bien simple vous convaincra du fait. Mettez sous une assiette un morceau de *glace* : il y conserve sa forme sans aucun changement ; laissez-le à lui-même, et, si la pièce où vous êtes n'est pas froide, au bout d'un certain temps, il aura fondu. Alors il aura pris exactement la forme intérieure de l'assiette, mais c'est parce qu'il est devenu de l'eau. C'est donc le liquide seul qui n'a pas de forme propre.

Il résulte de ces remarques que lorsqu'elle est soumise à un froid suffisant, l'eau passe de l'état liquide à l'état solide ; la glace est, en un mot, de l'eau solidifiée.

181. — En gelant l'eau se gonfle. — Lorsque vient la *gelée*, les ménagères ont grand soin de ne pas laisser exposés au froid des vases en terre ou en verre, contenant de l'eau. Elles savent bien qu'au moment où l'eau gèlerait, le vase aurait grandes chances de se casser. Cela est immanquable lorsque le vase a une forme telle qu'il va en se rétrécissant vers le haut. Cela tient à ce que la *glace* que forme l'eau congelée se gonfle et occupe plus de place. Cette dilatation a même lieu avec une très grande force. Si l'on prend un canon de fusil et qu'en temps de gelée on le remplisse d'eau, si l'on visse à l'extrémité un bouchon de fer, il suffira d'abandonner le tout quelques heures au froid, pour que le canon de fusil se fende dans sa longueur. En même temps on verra la glace se faire jour à travers les éraillures du fer. On a fait l'expérience avec un boulet creux soigneusement bouché : quelque vigueur que l'on eût mise à fixer le bouchon, il a toujours sauté et un culot de glace s'est fait jour par l'orifice.

Il importe d'ajouter que cette dilatation n'a pas lieu pour la plupart des autres liquides. Ainsi, lorsque du plomb fondu et refroidi reprend l'état solide, il occupe moins de place que lorsqu'il était fondu.

182. — L'eau s'évapore à l'air. — Voici une nouvelle expérience que vous avez peut-être déjà faite : prenez un verre, ou mieux encore une cuvette, contenant de l'*eau* ; placez-la par un temps sec sur votre fenêtre, et abandonnez-la ainsi à l'air. Le lendemain, vous pourrez déjà remarquer que la quantité d'eau a diminué. Au bout de deux ou trois jours, le vase sera complètement à sec : qu'est donc devenue l'eau ? *Elle s'est évaporée* : cela veut dire qu'insensiblement elle s'est tout entière transformée en *vapeur*. Vous pourriez même en acquérir la preuve. Mettez au-dessus de la cuvette une assiette qui la recouvre, l'évaporation se fera beaucoup moins vite ; mais la face de l'assiette qui regardait l'eau sera recouverte de très fines gouttelettes formant ce qu'on appelle une buée. Pour arriver de la cuvette à l'assiette, l'eau a nécessairement passé à l'état de *vapeur*

Dans cet état, l'eau est devenue pour nos yeux semblable à l'air qui nous entoure : aussi dit-on qu'elle est passée à l'état *aériforme* (semblable à de l'air). L'air et tous les corps qui lui ressemblent s'appellent habituellement des *gaz* ; la *vapeur d'eau est de l'eau à l'état de gaz*, ou, si l'on veut, à *l'état gazeux*.

183. — L'eau bouillante se vaporise. — Que de fois, sous vos yeux, a-t-on fait *bouillir* de l'eau ! Dans un vase que la chaleur ne puisse ni fondre, ni casser, on a mis une certaine quantité d'eau froide ; puis on a placé ce vase sur un fourneau bien allumé. Au bout de peu de temps l'eau, progressivement échauffée, s'est mise à *bouillir* : c'est-à-dire qu'agitée de bouillonnements tumultueux, elle a produit des *bulles* qui sont venues crever à la surface en donnant de la vapeur chaude. C'est ainsi que l'eau *se vaporise*. Quand elle s'évapore, on ne la chauffe pas, et la vapeur se forme seulement à la surface ; mais quand on l'a chauffée, la vapeur se forme au fond du vase que le feu a rendu particulièrement chaud. Voilà pourquoi les bulles de vapeur traversent et agitent toute la masse du liquide.

184. — Les trois états de l'eau. — D'après ce que nous venons de voir, l'eau se présente à nous tour à tour sous trois états que l'on désigne par trois mots différents : *glace, eau, vapeur.* Le premier s'applique à l'eau devenue *solide* ; le second, à l'état *liquide* ; le troisième, à l'état *gazeux* ou *aériforme*. Chacun de ces changements d'état a son nom particulier. Quand la *glace* passe à l'état d'eau, *elle fond* ; il y a *fusion.* Lorsque l'eau passe de l'état liquide à l'état gazeux, *elle s'évapore*, ou *elle se vaporise*, si on l'a chauffée jusqu'à la faire bouillir.

Si la *vapeur d'eau* se refroidit, il arrive un moment où elle passe à l'état d'eau ; elle apparaît alors en gouttelettes plus ou moins fines : on dit, dans ce cas, que *la vapeur se condense* ; il y a *condensation.* Enfin, lorsque l'eau passe à l'état solide, vous le savez, on dit qu'elle *gèle.*

185. — Changements d'état observés dans d'autres corps. — Quel est celui d'entre vous qui ne s'est pas amusé à faire *fondre* du *plomb* ? Vous le savez, il faut le chauffer fortement. Si vous continuez à le chauffer lorsqu'il est *fondu*, peut-être espérerez-vous le convertir en vapeur ; mais il vous arrivera ici quelque chose de nouveau. A mesure que vous chaufferez plus fortement le plomb fondu, vous verrez paraitre à sa surface une matière jaune qui se montrera par petites pellicules, c'est du *massicot*: c'est-à-dire que le plomb ainsi chauffé s'altère à l'air ; *il s'oxyde*, disent les chimistes. Le fer en fait autant sans être chauffé, et sous l'influence de l'air humide : on dit alors communément qu'il *se rouille* ;les chimistes disent encore qu'il *s'oxyde*.

Le *zinc* se rapproche un peu plus de l'eau pour ses changements d'état. Lorsqu'on le chauffe fortement, il fond ; continuez à le chauffer, il finit par se vaporiser ; mais la *vapeur de zinc* s'allume à l'air et brûle avec une flamme blanche d'un vif éclat. On ne tarde pas à voir alors voltiger dans l'air de légers flocons blancs qui ressemblent à des fils très fins. C'est du *zinc oxydé* en brûlant à l'air.

Beaucoup d'autres corps, dans leurs changements d'état, s'altèrent ainsi par l'action de la chaleur et forment des corps nouveaux. D'autres au contraire se décomposent au lieu de se vaporiser ou de fondre. Ainsi le bois est un corps solide ; essaieriez-vous de le fondre ? Non ; vous savez bien qu'avant de devenir liquide il brûlerait et se convertirait en fumée, laissant un peu de cendres. Il se passe là une *décomposition* du bois par la chaleur. Dans la fumée s'échappent à l'état de gaz les corps qui étaient combinés pour former le bois. C'est là un de ces *changements chimiques avec production de chaleur et de lumière* que l'on appelle une *combustion*.

RÉSUMÉ DU CHAPITRE XIX.

179. — L'eau est l'exemple le plus connu d'un corps à l'état liquide. — Un liquide est avant tout un corps qui coule: c'est ce qu'on nomme un fluide; un liquide n'a donc pas de forme propre.

180. — Quand on refroidit suffisamment l'eau, elle gèle. — La glace est de l'eau à l'état solide. — Un solide a une forme qui lui appartient et qu'il n'abandonne pas sans résistance.

181. — Lorsque l'eau gèle, elle se gonfle; la plupart des autres liquides diminuent au contraire lorsqu'ils deviennent solides. — Le gonflement de la glace se fait avec une très grande force.

182. — L'eau laissée dans un vase au libre contact de l'air diminue et finit par disparaître complètement ; elle s'évapore, c'est-à-dire qu'elle passe à l'état de vapeur et se mêle à l'air. — La vapeur d'eau est de l'eau à l'état gazeux.

183. — L'eau qui bout se vaporise, c'est-à-dire que la chaleur lui fait produire des bulles de vapeur qui vont crever dans l'air. — L'eau bouillante ne tarde pas à disparaître en vapeur, si on continue à la chauffer.

184. — L'eau se rencontre donc sous trois états : état solide, c'est la glace ; état liquide, c'est l'eau ; état gazeux, c'est la vapeur. — La glace qui fond passe à l'état d'eau. — L'eau qui s'évapore ou se vaporise passe à l'état de vapeur. — Ces changements n'ont lieu que si on chauffe la glace et l'eau. — Si l'on la refroidit, la vapeur se condense et redevient de l'eau ; puis, à un plus grand froid, l'eau gèle ou se solidifie ; elle est retournée à l'état de glace.

185. — Beaucoup d'autres corps présentent de semblables changements d'état, selon qu'on les échauffe ou qu'on les refroidit. Ces changements ne se voient nettement que si l'échauffement n'altère pas la nature du corps.

QUESTIONNAIRE.

179. Quels sont les corps que vous voyez couler ? — Qu'appelle-t-on un corps fluide ? — 180. A quel nouvel état passe l'eau lorsqu'elle gèle ? — 181. La glace occupe-t-elle autant de place que l'eau d'où elle provient ? — 182. Qu'arrive-t-il lorsqu'on abandonne l'eau à l'air libre ? — 183. — Que se passe-t-il lorsque l'eau bout ? Qu'est-ce que la vapeur ? — 184. Combien les corps peuvent-ils présenter d'états ? — 185. Observe-t-on dans d'autres corps des changements d'état semblables à ceux de l'eau ?

CHAPITRE XX.

L'AIR ET LES COMBUSTIONS.

186. — **La combustion du bois.** — Brûler du bois est une de ces expériences que nous faisons à chaque instant pour nos besoins journaliers. Tout le monde ne sait pas bien s'y prendre pour allumer un feu, car il faut connaître par expérience dans quelles conditions *brûle le bois*. Tous ceux qui ont acquis cette connaissance vous diront que pour faire aller le feu, il faut de l'air. On désigne ce fait par un mot vulgaire ; on dit : il faut que *la cheminée* (ou *le fourneau*) *tire bien*. On nomme *tirage* un courant d'air qui s'établit lorsque

le feu prend bien. L'air est appelé vers le foyer et y passe d'une façon continue. Le talent de la personne qui allume le feu est de faire en sorte que le courant d'air se produise.

Cette condition s'explique sans peine : les parties du bois que l'on a échauffées se combinent avec un des gaz qui font partie de l'air ; c'est à ce moment que le bois s'échauffe à tel point qu'il se produit de la lumière. Voilà pourquoi le courant d'air est indispensable ; sans lui, pas de combustion.

187. — On peut enlever à l'air la propriété de brûler les corps combustibles. — La figure 171 représente une expérience chimique fort simple ; elle prouve qu'il y a dans l'air deux gaz très différents. Dans un bassin (*w*) on a versé de l'eau ; puis dans un tube coudé (*g*) ouvert à son extrémité inférieure et clos à son extrémité supérieure, on a enfermé, sur l'eau, une certaine quantité *d'air* et un morceau de *phosphore*. Ce dernier corps est très combustible, et il suffit de le chauffer dans l'air pour qu'il y prenne feu ; c'est justement ce que l'on fait ici au moyen de la lampe

Fig. 171. — Analyse de l'Air — *w*, bassin contenant de l'eau ; — *g*, tube de verre fermé en haut ; — *k*, morceau de phosphore contenu avec de l'air, dans le tube ; — *l*, lampe à esprit de vin.

à esprit-de-vin (*l*). Le morceau de phosphore se voit (*k*) au dessus de la flamme : aussi ce morceau s'allume et brûle quelques instants avec un très vif éclat. Mais bientôt il s'éteint, et c'est en vain qu'on le chauffe de nouveau pour le rallumer. Cependant tout l'air que contenait le tube ne paraît pas être consommé ; il en reste bien quatre fois autant qu'il en a disparu ; mais ce qui reste n'est manifestement plus de l'air, puisque le phosphore ne s'y allume plus et ne peut plus y brûler. La partie de l'air qui a disparu est évidemment celle qui était capable de brûler. Ainsi on peut conclure de cette expérience que l'air se compose de deux gaz, l'un qui entretient les combustions, l'autre dans lequel les corps combustibles ne brûlent pas. On peut même ajouter que le dernier de ces deux gaz est environ quatre fois plus abondant que l'autre. Apprenons maintenant sous quels noms on les désigne : le moins abondant, celui qui a le don de faire brûler les combustibles, est l'*oxygène* ; l'autre, dans lequel les combustibles ne brûlent pas, est l'*azote*.

188. — Composition de l'air. — Beaucoup d'autres expériences ont démontré d'une façon incontestable que l'air au milieu duquel nous vivons est toujours composé d'*oxygène* et d'*azote* mêlés ensemble. La proportion d'oxygène est toujours la même, il y en a quatre fois moins que d'azote ; c'est-à-dire que de 5 litres d'air on peut retirer 1 litre d'oxygène ; le reste sera de l'azote. Ces deux gaz sont sans couleur, ainsi que l'air lui-même. Si je mets devant vous trois flacons fermés et contenant, l'un de l'air, l'autre de l'azote et le troisième de l'oxygène, tous trois vous paraitront également vides, car rien ne vous fait distinguer des gaz dépourvus de couleur. Voici pourtant une expérience qui démontre la présence de l'air sous une cloche qui semble ne rien contenir.

189. — Une bougie qui parait brûler sous l'eau. —

Fig. 172. — Combustion d'une bougie sous la cloche plongeant dans l'eau.

Cette expérience est représentée dans la figure 172 ; on y voit un baquet rempli d'eau ; on a supposé les douves brisées du coté du spectateur, afin qu'on puisse apercevoir ce qui se passe en dedans. Sur cette eau on a placé une bougie allumée et fixée sur un morceau de liège ; elle flotte, comme sur un radeau, tout en brûlant. On a introduit dans le baquet une cloche en verre qui recouvre la bougie, et voici ce qu'on observe : l'intérieur de la cloche ne s'est pas rempli d'eau ; donc il y avait un gaz dans cette cloche. La bougie qui flotte maintenant bien au-dessous du niveau de l'eau dans le baquet, continue a brûler comme dans l'air libre, donc le gaz contenu dans la cloche est de l'air Au premier aspect on croirait que la bougie brûle sous l'eau.

Ne croyez pas cependant que la bougie, emprisonnée sous la cloche brûlera aussi longtemps que si elle était en plein air. Lorsqu'elle aura consommé tout l'oxygène de l'air contenu sous la cloche, elle s'éteindra, car elle ne sera plus que dans l'azote.

190. — Les corps combustibles brûlent beaucoup mieux dans l'oxygène pur que dans l'air. — L'azote qui, dans l'air, est mêlé à l'oxygène, modère d'une façon très sensible son action sur les corps qui y brûlent. On peut le démontrer par une expérience faite avec du soufre. Prenons une cupule (petite coupe) en terre, plaçons-y un morceau de soufre (fig. 173) et allumons-le : il brûle en répandant une odeur forte et suffocante que tout le monde connaît, et il produit une flamme bleue très pâle. Mais voici un flacon (*f*) qui contient de l'*oxygène* pur. A travers le bouchon (*k*) passe une tige de fer qui supporte la capsule où brûle le soufre (*s*). La combustion est alors beau-

Fig. 173. — Combustion du Soufre ; — *f*, flacon plein de gaz oxygène. — *k*, bouchon traversé par une broche de fer ; — *s*, soufre brûlant dans une cupule.

coup plus vive ; la flamme brille beaucoup plus ; on voit, en un mot, que le soufre est en présence du principe actif de l'air, dont rien ne tempère l'action.

On peut ainsi faire brûler dans l'*oxygène* pur des corps qui ne brûleraient pas dans l'*air* ordinaire. En voici un exemple : la figure 174 représente un autre flacon rempli d'oxygène ; dans le bouchon est fixé un fil de fer contourné en hélice. On a placé au bout de l'hélice un morceau d'amadou allumé ; celui-ci allume à son tour la spirale de fer et elle continue à brûler.

191. — Dans les combustions il se forme des corps nouveaux. — Lorsque nous avons fait brûler le *soufre* dans l'air ou dans l'*oxygène*, il s'est manifesté, avons-nous dit, une odeur forte et suffocante. Elle ne provient pas du soufre pas plus que de l'air ou de l'oxygène ; aucun de ces corps n'a une pareille odeur. Elle annonce un corps nouveau formé dans la combustion; c'est une combinaison de *soufre* et d'*oxygène*; on lui donne le nom d'*acide sulfureux*. De même la combustion du *fer* a donné naissance à un corps de couleur rousse qui salit le fond du flacon: c'est un *oxyde de fer*, c'est-à-dire une combinaison d'*oxygène* et de *fer*. On pourrait faire la même expérience avec une spirale de *cuivre*, il y aurait combustion et il se produirait de l'*oxyde de cuivre*. Dans l'autre expérience de combustion, on peut employer, au lieu de soufre, un morceau de *charbon* allumé: il brûlerait avec éclat et il se produirait de l'*acide carbonique*, combinaison de *charbon* et d'*oxygène*.

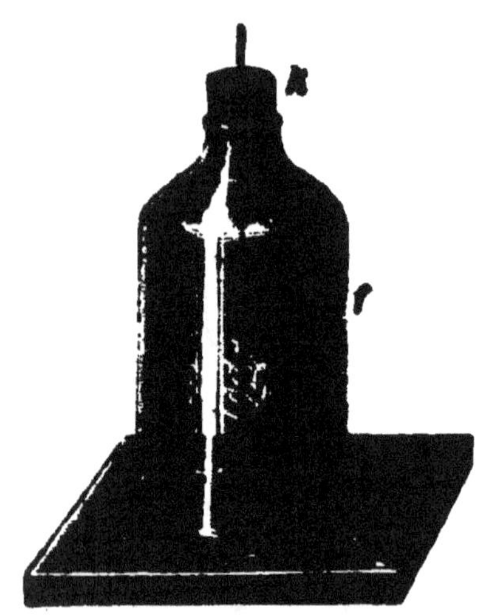

Fig. 174. — Combustion du Fer. — *f*, flacon plein de gaz oxygène; — *k*, bouchon traversé par un fil de fer formant spirale en *s*.

Ainsi toute combustion qui se passe dans l'air ou dans l'oxygène produit une combinaison du corps avec l'oxygène qui le fait brûler: c'est un fait de *composition chimique*, accompagné de chaleur et de lumière.

192. — La respiration donne les mêmes produits à peu près que la combustion du charbon. — L'air extérieur pénètre à chaque inspiration dans notre poitrine, et il en ressort à chaque expiration. Il est facile de démontrer que l'air *expiré* n'est pas pareil à celui que l'on *inspire*.

D'abord tout le monde sait que l'air sortant de la poitrine est beaucoup plus chaud et beaucoup plus humide; il contient de la vapeur d'eau qui, dans les temps froids devient visible comme un léger nuage. Mais il contient encore autre chose.

Voici un verre où l'on a versé de l'*eau de chaux*. Cette eau se trouble et devient laiteuse lorsqu'on y introduit du gaz *acide carbonique*; mais l'air ordinaire trouble à peine sa limpidité. Or si, comme on le voit dans la figure 175, on fait passer dans l'eau de chaux l'air qui sort de nos poumons, celle-ci blanchit et se trouble rapidement. Il en faut conclure que l'air expiré contient de l'*acide carbonique* que ne renfermait pas l'air inspiré.

Notre respiration produit donc de la *chaleur*, de l'eau en vapeur et de l'*acide carbonique*. Ce sont à peu près les produits de la combustion du bois ; il n'y a qu'une seule différence : c'est que, dans la respiration, il n'y a pas production de lumière. Voilà pourquoi on a comparé ce phénomène de notre vie à une combustion lente où nos aliments se consument pour échauffer notre corps.

193. — Le feu et la flamme. — Quand un corps brûle, nous voyons du *feu* : c'est-à-dire que le corps devient à ce moment rouge ou blanc et lumineux. Si, avec cela, il n'y a pas

Fig. 175. — L'Air qui sort des poumons trouble l'Eau de chaux, parce qu'il contient du gaz Acide carbonique.

Fig. 176. — Composition de la flamme d'une bougie. — On y distingue trois parties ou zones : celle du centre de la flamme est obscure et peu chaude, il n'y brûle rien ; — la suivante qui est très lumineuse et assez chaude ; une troisième zone qui vue ferme les bords de la flamme, c'est la plus chaude, mais sa lumière est pâle ; — au d est la mèche : on voit tout autour une partie de flamme d'une belle couleur bleue.

de *flamme*, le corps est simplement *incandescent* ; il y a *incandescence*. Dans le cas contraire, il y a *inflammation*. La *flamme* n'est pas autre chose qu'un gaz en *incandescence*, c'est-à-dire échauffé au point de devenir lumineux. En observant avec attention la flamme d'une bougie, on reconnaît qu'elle se compose de plusieurs parties. Elles sont indiquées dans la figure 176.

On y voit une partie centrale entourant l'extrémité de la mèche ; cette partie centrale est obscure. Elle est entourée d'une couche lumineuse (*w e i*) qui brille d'un vif éclat. Enfin à l'extérieur de la flamme se voit une couche lumineuse plus pâle (*r u s*) : vers la base de la flamme on aperçoit (en *d)* une partie bleuâtre.

RÉSUMÉ DU CHAPITRE XX.

186. — Pour que le bois brûle dans un foyer, il faut qu'il s'y établisse un courant d'air ; ce courant entraîne l'air de la pièce vers le dehors en passant par le foyer. — Il a pour effet de combiner une des parties de l'air avec la matière du bois ; cette combinaison est une combustion.

187. — On prouve par l'expérience que l'air employé à faire brûler un corps peut perdre la faculté d'en faire brûler d'autres. — On en conclut qu'il y a dans l'air une partie qui fait brûler et une autre partie où ne brûlent pas les corps combustibles.

188. — L'air est une mélange de deux gaz, l'oxygène et l'azote ; l'oxygène fait brûler les corps combustibles ; l'azote en est incapable.

189. — Une bougie paraît brûler sous l'eau, lorsqu'on l'a placée sous une cloche avec une certaine quantité d'air ; elle ne cessera de brûler que lorsqu'elle aura absorbé tout l'oxygène.

190. — Le soufre, le charbon brûlent beaucoup mieux dans l'oxygène pur que dans l'air. — Le fer, le cuivre, brûlent dans l'oxygène pur et ne peuvent brûler dans l'air.

191. — Lorsque le soufre brûle dans l'oxygène, il se forme un gaz nouveau : c'est de l'acide sulfureux. — Dans le même cas, le fer donne naissance à de l'oxyde de fer ; le cuivre, à de l'oxyde de cuivre ; le charbon, à de l'acide carbonique. — Tous ces corps nouveaux sont les résultats de la combinaison de l'oxygène avec le corps qui brûle. — Donc dans les combustions il naît un corps composé.

192. — Lorsqu'il respire, l'homme absorbe de l'air qui pénètre dans son corps ; il rend en échange de l'air qui sort de son corps. — L'air expiré n'est pas le même que l'air inspiré. — Le premier trouble immédiatement l'eau de chaux qu'il traverse, ce que ne fait pas l'air pur. — Cela prouve que l'air expiré contient de l'acide carbonique. — Il contient aussi de la vapeur d'eau qui devient visible comme un nuage lorsque le temps est froid. — Ce sont les mêmes produits que donne le bois lorsqu'il brûle : de sorte que la respiration est une combustion lente qui se passe dans notre corps.

193. — Les combustions produisent de la flamme ou n'en produisent pas ; dans le premier cas, il y a inflammation; dans le second il y a seulement incandescence. — La flamme d'une bougie ne brûle qu'au pourtour, au milieu elle ne brûle pas.

QUESTIONNAIRE.

186. — Quelle est la condition indispensable pour qu'un feu de bois brûle dans un foyer? — Qu'appelle-t-on une combustion? — 187. Le même air peut-il servir indéfiniment à faire brûler des combustibles? — Comment démontre-t-on qu'il y a dans l'air un élément qui provoque a combustion? — 188. De quoi est composé l'air atmosphérique? — 189. Comment une bougie peut-elle brûler sous l'eau? — 190. Comment se font les combustions dans l'oxygène pur? Citez divers exemples. — 191. Que se forme-t-il lorsque le soufre brûle? — Que se forme-t-il lorsque le charbon brûle? - Quel est le produit de la combustion du fer? du cuivre? — 192. Y a-t-il une différence entre l'air que l'on respire et celui qui ressort de la poitrine? — Qu'y a-t-il dans l'air expiré? — 193. Quelle différence y a-t-il entre une incandescence et une inflammation? — Y a-t-il dans la flamme d'une bougie une partie où rien ne brûle?

CHAPITRE XXI.

L'EAU.

194. — On extrait de l'eau un gaz spécial. — La figure 177 représente un petit appareil au moyen duquel on peut retirer de l'eau un gaz qui diffère de ceux que nous connaissons déjà, c'est-à-dire de l'oxygène, de l'azote et de l'air. Cet appareil a pour partie principale un flacon (*f*) muni de deux goulots, ou tubulures. Dans la tubulure du milieu est engagé un bouchon que traverse un tube à entonnoir (*t*). Dans la seconde tubulure passe un autre tube coudé en plusieurs points (*r*). On a mis dans le flacon des rognures de zinc et de l'eau ; puis on a bouché les deux orifices du flacon. Lorsqu'on veut faire marcher l'appareil, on vers. dans l'entonnoir un peu d'*huile de vitriol* (que les chimistes appellent *acide sulfurique*). Aussitôt que ce nouveau liquide arrive dans l'eau et sur les rognures de zinc, il se manifeste un bouillonnement dans l'eau ; il s'en dégage de nombreuses bulles d'un gaz qui bientôt va sortir par l'extrémité d'un tube (*r*). C'est le gaz qui était combiné avec l'oxygène pour former l'eau. On lui donne le nom de gaz *hydrogène*; ce nouveau gaz n'entretient pas la combustion; mais il est très inflammable. Dans l'air, il s'allume en produisant une détonation. Il serait même fort dangereux de faire un mélange d'air et d'hydrogène : à la moindre étincelle il y aurait

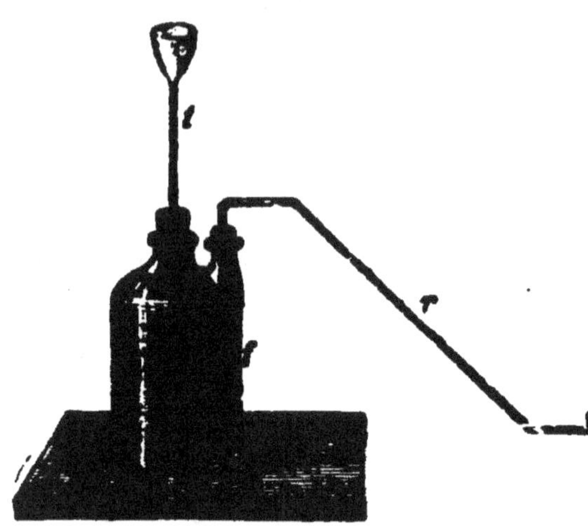

Fig. 177.— On décompose l'Eau par le Zinc et l'Acide sulfurique, et il se dégage du gaz Hydrogène.

une explosion formidable, l'opérateur pourrait être blessé ou tué.

195. — Décomposition de l'eau.— Dans l'appareil que

Fig. 178. — En brûlant du gaz Hydrogène, on produit de l'Eau.

nous venons de décrire, l'*eau* se décompose, dès que l'*acide sufurique* intervient; c'est par cette décomposition que le gaz *hydrogène* se trouve mis en liberté.

196. — Recomposition de l'eau. — Un autre appareil représenté dans la figure 178 permet de recomposer l'eau avec l'hydrogène que l'on vient d'en retirer. On y reconnaît d'abord le flacon (f) de l'appareil précédent ; le gaz hydrogène se dégagera donc par le tube (r). Il traversera dans le tube a b des matières qui le dessèchent et le purifient ; enfin il s'écoulera dans l'air par un autre tube (r') qui est terminé en pointe fine. Là on peut l'allumer sans danger, et on le fera brûler sous une cloche de verre qui primitivement était complètement sèche. A mesure que l'hydrogène brûle, on voit se déposer à l'intérieur de la cloche des gouttelettes d'eau ; un peu plus tard l'eau découle dans la cupule placée en dessous. Cette eau est le produit de la combustion du gaz *hydrogène*. En s'unissant avec l'*oxygène* de l'air, il a formé de l'*eau*.

197.— Décomposition de l'eau par l'électricité. — Voici une nouvelle expérience dans laquelle on peut décomposer l'eau et recueillir séparément l'*oxygène* et l'*hydrogène*. La figure 179 représente l'appareil qui ressemble à un verre à pied. Les deux fils a b amènent l'électricité et la conduisent dans l'intérieur du verre où il y a de l'eau. Sur l'extrémité de chaque fil on a placé une petite cloche nommée *éprouvette*. Lorsque commence l'expérience, les deux éprouvettes sont pleines d'eau. Mais à mesure que l'électricité décompose l'eau, chaque éprouvette reçoit des bulles de gaz. Bientôt l'appareil prend l'aspect que donne la figure ci-contre : celle des deux éprouvettes qui contient le moins de gaz a reçu l'*oxygène*, l'autre, l'*hydrogène*. Voici comment on s'en assure. Une allumette enflammée que l'on introduit dans l'éprouvette à oxygène, y brûle avec un éclat des plus vifs. Si l'on fait le même essai avec l'autre éprouvette, l'allumette

Fig. 179. — Le courant électrique, en traversant l'eau, la décompose et en recueille séparément le gaz oxigène et le gaz hydrogène.

s'éteint en allumant le gaz hydrogène qui fait entendre un petit claquement et brûle avec une flamme très pâle

198. — **L'eau est une combinaison de deux gaz.** — Les expériences qui précèdent démontrent que l'eau est un corps composé ; ce liquide est formé de deux gaz combinés ensemble : l'*oxygène*, que nous avons, dans l'air, trouvé mélangé avec l'*azote*, et l'*hydrogène* dont l'air ne contient aucune trace.

RÉSUMÉ DU CHAPITRE XXI.

194 et 195. — En décomposant l'eau par le zinc et l'acide sulfurique, on obtient du gaz hydrogène. — Ce gaz n'entretient pas la combustion ; il est très inflammable ; mêlé à l'air, il produit, dès qu'on l'enflamme, une explosion dangereuse.

196. — Lorsque le gaz hydrogène brûle, il se produit de l'eau en vapeur, qui bientôt se condense en gouttelettes. — L'eau résulte, dans ce cas, de la combinaison du gaz hydrogène avec le gaz oxygène de l'air.

197 et 198. — Si l'on fait passer un courant électrique à travers l'eau, elle se décompose et donne séparément de l'oxygène et de l'hydrogène. — L'eau est donc une combinaison du gaz hydrogène avec le gaz oxygène.

QUESTIONNAIRE.

194 et 195. Que se produit-il lorsqu'on décompose l'eau ? — Comment la décompose-t-on ? — 196. Que se produit-il lorsqu'on brûle un courant de gaz hydrogène dans l'air ? — Comment se fait l'expérience ? — 197 et 198. — Comment s'y prend-on pour décomposer l'eau par un courant électrique ? Le gaz hydrogène entretient-il la combustion ? — Peut-il brûler ? — Qu'arrive-t-il lorsqu'on enflamme un mélange d'air et de gaz hydrogène ? — De quoi est composée l'eau ?

FIN DU COURS MOYEN.

TABLE DES MATIÈRES

POITIERS. — IMPRIMERIE OUDIN.